„ALLES KANN SICH ÄNDERN"

Letzte Worte politisch Angeklagter vor Gericht in Russland

Herausgegeben von Memorial Deutschland e.V.

Bibliografische Information der Deutschen Nationalbibliothek
Die Deutsche Nationalbibliothek verzeichnet diese Publikation in der Deutschen Nationalbibliografie; detaillierte bibliografische Daten sind im Internet über http://dnb.d-nb.de abrufbar.

Bibliographic information published by the Deutsche Nationalbibliothek
The Deutsche Nationalbibliothek lists this publication in the Deutsche Nationalbibliografie; detailed bibliographic data are available on the Internet at http://dnb.d-nb.de.

Coverbild: Oleg Orlow am 10. April 2022 vor dem Kreml auf dem Roten Platz in Moskau.
Plakataufschrift: „Unsere Weigerung, die Wahrheit zu kennen, und unser Schweigen machen uns zu Mitschuldigen an Verbrechen"
Foto: Denis Galitsyn

ISBN (Print): 978-3-8382-1994-3
ISBN (E-Book [PDF]): 978-3-8382-7994-7
© *ibidem*-Verlag, Hannover • Stuttgart 2024
Alle Rechte vorbehalten

Das Werk einschließlich aller seiner Teile ist urheberrechtlich geschützt. Jede Verwertung außerhalb der engen Grenzen des Urheberrechtsgesetzes ist ohne Zustimmung des Verlages unzulässig und strafbar. Dies gilt insbesondere für Vervielfältigungen, Übersetzungen, Mikroverfilmungen und elektronische Speicherformen sowie die Einspeicherung und Verarbeitung in elektronischen Systemen.

All rights reserved. No part of this publication may be reproduced, stored in or introduced into a retrieval system, or transmitted, in any form, or by any means (electronic, mechanical, photocopying, recording or otherwise) without the prior written permission of the publisher. Any person who commits any unauthorized act in relation to this publication may be liable to criminal prosecution and civil claims for damages.

Printed in the EU

Soviet and Post-Soviet Politics and Society (SPPS) Vol. 284
ISSN 1614-3515

General Editor: Andreas Umland,
Stockholm Centre for Eastern European Studies, andreas.umland@ui.se

Commissioning Editor: Max Jakob Horstmann,
London, mjh@ibidem.eu

EDITORIAL COMMITTEE*

DOMESTIC & COMPARATIVE POLITICS
Prof. **Ellen Bos**, *Andrássy University of Budapest*
Dr. **Gergana Dimova**, *Florida State University*
Prof. **Heiko Pleines**, *University of Bremen*
Dr. **Sarah Whitmore**, *Oxford Brookes University*
Dr. **Harald Wydra**, *University of Cambridge*

SOCIETY, CLASS & ETHNICITY
Col. **David Glantz**, *"Journal of Slavic Military Studies"*
Dr. **Marlène Laruelle**, *George Washington University*
Dr. **Stephen Shulman**, *Southern Illinois University*
Prof. **Stefan Troebst**, *University of Leipzig*

POLITICAL ECONOMY & PUBLIC POLICY
Prof. **Andreas Goldthau**, *University of Erfurt*
Dr. **Robert Kravchuk**, *University of North Carolina*
Dr. **David Lane**, *University of Cambridge*
Dr. **Carol Leonard**, *University of Oxford*
Dr. **Maria Popova**, *McGill University, Montreal*

FOREIGN POLICY & INTERNATIONAL AFFAIRS
Dr. **Peter Duncan**, *University College London*
Prof. **Andreas Heinemann-Grüder**, *University of Bonn*
Prof. **Gerhard Mangott**, *University of Innsbruck*
Dr. **Diana Schmidt-Pfister**, *University of Konstanz*
Dr. **Lisbeth Tarlow**, *Harvard University, Cambridge*
Dr. **Christian Wipperfürth**, *N-Ost Network, Berlin*
Dr. **William Zimmerman**, *University of Michigan*

HISTORY, CULTURE & THOUGHT
Dr. **Catherine Andreyev**, *University of Oxford*
Prof. **Mark Bassin**, *Södertörn University*
Prof. **Karsten Brüggemann**, *Tallinn University*
Prof. **Alexander Etkind**, *Central European University*
Prof. **Gasan Gusejnov**, *Free University of Berlin*
Prof. **Leonid Luks**, *Catholic University of Eichstaett*
Dr. **Olga Malinova**, *Russian Academy of Sciences*
Dr. **Richard Mole**, *University College London*
Prof. **Andrei Rogatchevski**, *University of Tromsø*
Dr. **Mark Tauger**, *West Virginia University*

ADVISORY BOARD*

Prof. **Dominique Arel**, *University of Ottawa*
Prof. **Jörg Baberowski**, *Humboldt University of Berlin*
Prof. **Margarita Balmaceda**, *Seton Hall University*
Dr. **John Barber**, *University of Cambridge*
Prof. **Timm Beichelt**, *European University Viadrina*
Dr. **Katrin Boeckh**, *University of Munich*
Prof. em. **Archie Brown**, *University of Oxford*
Dr. **Vyacheslav Bryukhovetsky**, *Kyiv-Mohyla Academy*
Prof. **Timothy Colton**, *Harvard University, Cambridge*
Prof. **Paul D'Anieri**, *University of California*
Dr. **Heike Dörrenbächer**, *Friedrich Naumann Foundation*
Dr. **John Dunlop**, *Hoover Institution, Stanford, California*
Dr. **Sabine Fischer**, *SWP, Berlin*
Dr. **Geir Flikke**, *NUPI, Oslo*
Prof. **David Galbreath**, *University of Aberdeen*
Prof. **Frank Golczewski**, *University of Hamburg*
Dr. **Nikolas Gvosdev**, *Naval War College, Newport, RI*
Prof. **Mark von Hagen**, *Arizona State University*
Prof. **Guido Hausmann**, *University of Regensburg*
Prof. **Dale Herspring**, *Kansas State University*
Dr. **Stefani Hoffman**, *Hebrew University of Jerusalem*
Prof. em. **Andrzej Korbonski**, *University of California*
Dr. **Iris Kempe**, *"Caucasus Analytical Digest"*
Prof. **Herbert Küpper**, *Institut für Ostrecht Regensburg*
Prof. **Rainer Lindner**, *University of Konstanz*

Dr. **Luke March**, *University of Edinburgh*
Prof. **Michael McFaul**, *Stanford University, Palo Alto*
Prof. **Birgit Menzel**, *University of Mainz-Germersheim*
Dr. **Alex Pravda**, *University of Oxford*
Dr. **Erik van Ree**, *University of Amsterdam*
Dr. **Joachim Rogall**, *Robert Bosch Foundation Stuttgart*
Prof. **Peter Rutland**, *Wesleyan University, Middletown*
Prof. **Gwendolyn Sasse**, *University of Oxford*
Prof. **Jutta Scherrer**, *EHESS, Paris*
Prof. **Robert Service**, *University of Oxford*
Mr. **James Sherr**, *RIIA Chatham House London*
Dr. **Oxana Shevel**, *Tufts University, Medford*
Prof. **Eberhard Schneider**, *University of Siegen*
Prof. **Olexander Shnyrkov**, *Shevchenko University, Kyiv*
Prof. **Hans-Henning Schröder**, *SWP, Berlin*
Prof. **Yuri Shapoval**, *Ukrainian Academy of Sciences*
Dr. **Lisa Sundstrom**, *University of British Columbia*
Dr. **Philip Walters**, *"Religion, State and Society"*, Oxford
Prof. **Zenon Wasyliw**, *Ithaca College, New York State*
Dr. **Lucan Way**, *University of Toronto*
Dr. **Markus Wehner**, *"Frankfurter Allgemeine Zeitung"*
Dr. **Andrew Wilson**, *University College London*
Prof. **Jan Zielonka**, *University of Oxford*
Prof. **Andrei Zorin**, *University of Oxford*

* While the Editorial Committee and Advisory Board support the General Editor in the choice and improvement of manuscripts for publication, responsibility for remaining errors and misinterpretations in the series' volumes lies with the books' authors.

Soviet and Post-Soviet Politics and Society (SPPS)
ISSN 1614-3515

Founded in 2004 and refereed since 2007, SPPS makes available affordable English-, German-, and Russian-language studies on the history of the countries of the former Soviet bloc from the late Tsarist period to today. It publishes between 5 and 20 volumes per year and focuses on issues in transitions to and from democracy such as economic crisis, identity formation, civil society development, and constitutional reform in CEE and the NIS. SPPS also aims to highlight so far understudied themes in East European studies such as right-wing radicalism, religious life, higher education, or human rights protection. The authors and titles of all previously published volumes are listed at the end of this book. For a full description of the series and reviews of its books, see www.ibidem-verlag.de/red/spps.

Editorial correspondence & manuscripts should be sent to: Dr. Andreas Umland, Department of Political Science, Kyiv-Mohyla Academy, vul. Voloska 8/5, UA-04070 Kyiv, UKRAINE; andreas.umland@cantab.net

Business correspondence & review copy requests should be sent to: *ibidem* Press, Leuschnerstr. 40, 30457 Hannover, Germany; tel.: +49 511 2622200; fax: +49 511 2622201; spps@ibidem.eu.

Authors, reviewers, referees, and editors for (as well as all other persons sympathetic to) SPPS are invited to join its networks at www.facebook.com/group.php?gid=52638198614 www.linkedin.com/groups?about=&gid=103012 www.xing.com/net/spps-ibidem-verlag/

Recent Volumes

275 *Anton Grushetskyi, Volodymyr Paniotto*
War and the Transformation of Ukrainian Society (2022–23)
Empirical Evidence
ISBN 978-3-8382-1944-8

276 *Christian Kaunert, Alex MacKenzie, Adrien Nonjon (eds.)*
In the Eye of the Storm
Origins, Ideology, and Controversies of the Azov Brigade, 2014–23
ISBN 978-3-8382-1750-5

277 *Gian Marco Moisé*
The House Always Wins
The Corrupt Strategies that Shaped Kazakh Oil Politics and Business in the Nazarbayev Era
With a foreword by Alena Ledeneva
ISBN 978-3-8382-1917-2

278 *Mikhail Minakov*
The Post-Soviet Human
Philosophical Reflections on Social History after the End of Communism
ISBN 978-3-8382-1943-1

279 *Natalia Kudriavtseva, Debra A. Friedman (eds.)*
Language and Power in Ukraine and Kazakhstan
Essays on Education, Ideology, Literature, Practice, and the Media
With a foreword by Laada Bilaniuk
ISBN 978-3-8382-1949-3

280 *Paweł Kowal, Georges Mink, Iwona Reichardt (eds.)*
The End of the Soviet World?
Essays on Post-Communist Political and Social Change
With a foreword by Richardt Butterwick-Pawlikowski
ISBN 978-3-8382-1961-5

281 *Kateryna Zarembo, Michèle Knodt, Maksym Yakovlyev (eds.)*
Teaching IR in Wartime
Experiences of University Lecturers during Russia's Full-Scale Invasion of Ukraine
ISBN 978-3-8382-1954-7

282 *Oleksiy V. Kresin*
The United Nations General Assembly Resolutions
Their Nature and Significance in the Context of the Russian War Against Ukraine
Edited by William E. Butler
ISBN 978-3-8382-1967-7

283 *Jakob Hauter*
Russlands unbemerkte Invasion
Die Ursachen des Kriegsausbruchs im ukrainischen Donbas im Jahr 2014
Mit einem Vorwort von Hiroaki Kuromiya
ISBN 978-3-8382-2003-1

Inhalt

Uta Gerlant
Einleitung 9

Mariia Vasilevskaia
Die Angst besiegen. Letzte Worte in politischen Prozessen in
Russland heute 13

Maxim Smyschljajew
Alles kann sich jeden Moment ändern 19

Jegor Schukow
Wir mussten lernen, dass Initiative bestraft wird 23

Ilja Schakurski
Die Haft ist ein ständiger Kampf gegen den Hass 31

Swetlana Prokopjewa
Repressionen entwickeln sich allmählich 37

Jurij Dmitrijew
Das Erinnern beenden? Das wird so nicht gelingen! 45

Julia Galjamina
Die Erfahrung der eigenen Unbeugsamkeit 59

Maria Aljochina
Ich habe meine Wahl getroffen 65

Wjatscheslaw Jegorow
Für seine Rechte muss man kämpfen 69

Sarifa Sautijewa
Ich habe nichts Illegales getan 77

Nikita Uwarow
Mit gutem Gewissen und in Würde 89

Ismail Isajew, Salech Magamadow
Ich will nicht vom Kummer anderer profitieren 97

Alexej Nawalny
Wer den Krieg bekämpfen will, muss den Despotismus
bekämpfen 101

Wladimir Metjolkin
Wir brauchen eine Abkehr vom imperialen Chauvinismus 107

Andrej Piwowarow
Sie flicken das Leichentuch, in das unsere Zukunft gehüllt ist ... 117

Ilja Jaschin
Wladimir Putin, beenden Sie diesen Wahnsinn! 123

Andrej Birjukow
Ich rufe zur Rückgabe der besetzten ukrainischen Gebiete auf .. 129

Wladimir Kara-Mursa
Ich bereue nicht nur nichts – ich bin stolz darauf 139

Lilia Tschanyschewa
Putin bedeutet Krieg – und das betrifft wirklich jeden 143

Daniel Cholodny
Ich fürchte Sie nicht und ich bitte Sie um nichts 149

Alexandra Skotschilenko
Ich glaube, dass das Leben heilig ist 151

Viktoria Petrowa
Die Kriegsverbrecher werden sich verantworten müssen 163

Artjom Kamardin
Meine Überzeugungen werden sich nicht ändern 167

Oleg Orlow
Es ist absurd 171

Roman Iwanow
Ich bitte alle Bürger der Ukraine um Verzeihung 179

Asat Miftachow
Das Böse wird nicht durch sich selbst bestraft 185

Ioann Aschtscheulow, Alexej Aschtscheulow, Timofej Aschtscheulow
Der Preis dafür, sich nicht an Verbrechen zu beteiligen 193

Anhang 199
    Glossar 199
    Quellenverzeichnis 200
    Herausgeber 203
    Mitwirkende 203

Einleitung

Letzte Worte vor Gericht sind in Russland eine der wenigen Möglichkeiten, sich mit einer eigenen Botschaft an die Öffentlichkeit zu wenden. Mit diesem Buch werden 29 solcher Reden einem deutschsprachigen Publikum zugänglich gemacht. Sie bestechen durch ihre Menschlichkeit, ihren Mut und ihre Reflektiertheit. Damit folgen sie den klassischen Grundsätzen der Rhetorik: Ethos, Pathos und Logos.

Bei der Auswahl der letzten Worte haben wir darauf geachtet, dass neben in Deutschland bekannten Protagonisten auch andere zu Wort kommen, dass sie unterschiedlichen Alters sind und aus verschiedenen Regionen Russlands kommen. So gewähren ihre letzten Worte auch einen Einblick in die russländische Gesellschaft.

Die letzten Worte erscheinen chronologisch hintereinander, gehalten zwischen August 2017 und Juli 2024. In diesen sieben Jahren hat die Staatsmacht in Russland die Repressionen immer mehr verschärft und neue Straftatbestände wie beispielsweise die Artikel 207.3 „Verbreitung von Falschnachrichten über die russländische Armee" und 280.3 „Diskreditierung der Streitkräfte" eingeführt. So haben viele der seit Ende Februar 2022 eingeleiteten Strafverfahren mit den Protesten gegen den russländischen Angriffskrieg gegen die Ukraine zu tun. Hier wird einmal mehr deutlich, wie Repression und Aggression Hand in Hand gehen.

In der Übersetzung der letzten Worte haben wir darauf geachtet, „russisch" (*russkij*) und „russländisch" (*rossijskij*) voneinander zu unterscheiden, auch wenn der zweite Begriff etwas ungewohnt und sperrig anmuten mag. „Russisch" bezieht sich auf die russische Ethnie und Sprache, während „russländisch" den Vielvölkerstaat Russland mit seinen Staatsbürgern und seinen Institutionen meint. Wo der Begriff „russisch" dennoch bereits eingeführt ist wie bei „Russische Föderation" (obwohl es „Russländische Föderation" heißen müsste), wurde er beibehalten. Da sich dieses Buch an ein breites Publikum wendet, sind russische Begriffe in der Übersetzung nicht wissenschaftlich transliteriert, sondern entsprechend Duden bzw. dem Sprachgebrauch großer überregionaler Zeitungen transkribiert. Ukrainische Ortsnamen sind aus dem Ukrainischen transkribiert – als Beitrag zur Überwindung einer russozentrischen Orientierung. Um der korrekten Übersetzung willen wurde auf gendergerechte Sprache im Deutschen verzichtet; selbstverständlich sind mit generisch maskulinen Bezeichnungen für Personengruppen ebenso weibliche und andere Personen gemeint. Begriffe, die mit einem * gekennzeichnet sind, werden im Glossar am Ende des Buches erläutert.

Alle strafrechtlichen Artikel, die hier im Zusammenhang mit Gerichtsverfahren genannt werden, beziehen sich auf das Strafgesetzbuch der Russischen Föderation. Ein Bindestrich in der Nummer eines Strafrechtsartikels bezeichnet den konkreten Teil des Artikels. Kleinbuchstaben bei der Benennung von Teilen von Strafartikeln bezeichnen den Platz im jeweiligen Alphabet (so wird aus dem dritten Buchstaben „в" im russischen Alphabet „c", das im deutschen Alphabet an dritter Stelle steht).

Wo Berufungsverfahren keine Änderung des Urteils ergaben, sind diese nicht erwähnt – es sei denn, das letzte Wort wurde in einem solchen zweitinstanzlichen Verfahren gehalten. Manchmal wurden die letzten Worte am Tag der Urteilsverkündung gesprochen, meistens jedoch einen oder mehrere Tage zuvor.

Viele der letzten Worte hat uns unsere Schwesterorganisation Memorial Italia übermittelt. Sie gab im November 2022 unter dem Titel „Proteggi le mie parole" („Beschütze meine Worte") eine Auswahl letzter Worte vor Gericht heraus. Weitere, aktuellere letzte Worte haben wir hinzugefügt.

Wir danken allen, die uns bei diesem Buchprojekt unterstützt haben: der Forschungsleiterin in der Menschenrechtsorganisation *OVD-Info* Mariia Vasilevskaia für ihren einführenden Beitrag sowie deren Kollegen aus der Daten-Abteilung von *OVD-Info*, die uns Fragen zu den Biografien der Protagonisten beantworteten; der Zeitschrift *Osteuropa*, der Redaktion der *Russland-Analysen* und dem Team von *Dekoder*, die uns die Verwendung bereits übersetzter letzter Worte gestatteten und Christian Schön und Christoph Ohlwärther vom *ibidem*-Verlag, die sofort von unserem Projekt begeistert waren. Aus unserem Team bei Memorial Deutschland e.V. danke ich allen ehrenamtlichen Übersetzerinnen und Übersetzern, Christina Riek für die Auswahl von Texten, Vera Ammer und Sabine Erdmann-Kutnevic für das Lektorat und dem Vorstand von Memorial Deutschland für allen Rückenwind.

Uta Gerlant *(Memorial Deutschland e.V.)*

Die Angst besiegen
Letzte Worte in politischen Prozessen in Russland heute

„Nach Abschluss der Plädoyers gibt der Vorsitzende dem Angeklagten die Möglichkeit zu einem letzten Wort. Während dieses letzten Wortes werden keine Fragen an ihn zugelassen. Das Gericht darf die Dauer des letzten Wortes des Angeklagten zeitlich nicht begrenzen. Dafür hat der Vorsitzende das Recht, den Angeklagten dann zu unterbrechen, wenn die Darlegungen des Angeklagten keinerlei Bezug zum aktuellen Strafverfahren haben."

So lautet Artikel 293 der Strafprozessordnung der Russischen Föderation über „Das letzte Wort des Angeklagten", das dem Angeklagten eine letzte Garantie auf ein Recht zur Verteidigung und ein gerechtes Verfahren gibt. In gewöhnlichen, unpolitischen Verfahren raten die Anwälte den Angeklagten häufig, dieses Recht pragmatisch zu nutzen, um die Position der Verteidigung zu resümieren, an Verstöße im Prozess zu erinnern und – im Falle eines Geständnisses – Reue zu bekunden und um Verzeihung zu bitten. Sie sollten sich kurz, deutlich und zur Sache äußern, also alles tun, um ein günstigeres Gerichtsurteil zu bekommen. Bei politischen Fällen – jenen, in denen das sogenannte „Telefonrecht"[1]

---

[1] Der Terminus entstand schon in den ersten Jahren der Sowjetunion, nachdem die Kommunikationslinien der Regierung eingerichtet worden waren, und wird bis heute angewendet. Er bedeutet, dass die politischen Machthaber vor Gerichtsentscheidungen ihren Willen übermitteln und dass der Ausgang eines politisch motivierten Verfahrens von vornherein festgelegt ist.

praktiziert wird – sind Ziel, Bedeutung und Form des letzten Wortes wesentlich andere.

So behaupten die Ankläger in politischen Verfahren häufig, dass der Angeklagte von „politischem Hass" motiviert sei. Diese bequeme Kanzleisprache erleichtert es, die ethische Position des Gegners auf eine bestimmte psychische Verwirrung zu reduzieren, die ihn angeblich zu seinem „kriminellen" Handeln veranlasst hätte. Indem sie diesen Hass jedoch ausdrücklich als „politisch" bezeichnen, bringen die Ankläger selbst die publizistische und politische Sphäre in den Gerichtssaal, vor der das „Telefonrecht" die russländischen Machthaber eigentlich bewahren soll. Es ist kein Wunder, dass es in den letzten Worten politischer Gefangener ein so breites Spektrum an Themen gibt: Sie sprechen über soziale Probleme, ungerechte Gerichtsverfahren, die Usurpation der Macht durch Wladimir Putin und über den Krieg. Sie tun dies mit vollem Recht, denn alles, was sich im öffentlichen Leben in Russland abspielt, gehört für sie in gewissem Sinne zu den Begleitumständen ihres eigenen Verfahrens.

Außerdem ist die Chance auf einen Freispruch in so einem Verfahren äußerst minimal, und in den letzten Jahren ist sie immer geringer geworden. Der im Moment größte sprunghafte Anstieg der Verfolgungen hängt mit der umfassenden Invasion der russländischen Armee in die gesamte Ukraine und mit deren Ablehnung durch die Bürger Russlands zusammen. Ihre Zahl nahm kurz vor Beginn der Kampfhandlungen 2021 zu, und sie ist nach wie vor hoch. Nach Angaben der Menschenrechtsorganisation *OVD-Info* standen 2022 in Russland 779 Personen aus politischen Gründen vor Gericht. Das sind etwa zehnmal mehr als zehn Jahre zuvor.

Zahl der Angeklagten im Jahr der Einleitung des Strafverfahrens

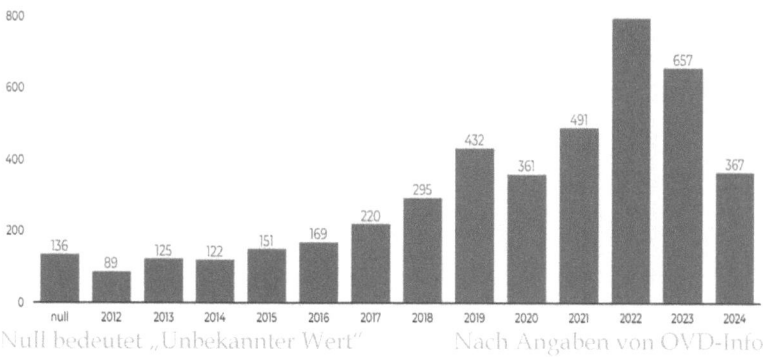

Null bedeutet „Unbekannter Wert" — Nach Angaben von OVD-Info

Diese Entwicklung lässt sich nachverfolgen, wenn man die Reden in diesem Buch liest. Heute, aus dem Blickwinkel von 2024, klingt das letzte Wort des jungen Antifaschisten Ilja Schakurski, der 2017 verurteilt wurde, wie eine Mitteilung aus einer längst vergessenen friedlichen Zeit, trotz des rigorosen Urteils von 17 Jahren Haft in einem Straflager mit strengen Haftbedingungen. „Ich bin ein ganz normaler Typ, ein gewöhnlicher Mensch", sagte Ilja Schakurski. Wie er hielt es damals auch sonst niemand in Russland wirklich für möglich, dass man ihn und andere gewöhnliche junge Leute aus dem *Netzwerk*-Verfahren ernsthaft wegen der angeblichen Gründung einer Terror-Organisation verurteilen könnte, nachdem sie lediglich in einem geschlossenen Chat über ihre Ansichten und Vorlieben diskutiert hatten.

2024 ist es eher erstaunlich, dass man sich damals über dergleichen noch wundern konnte. Zitieren wir Maria Aljochina, die 2011 wegen des Liedes „Mutter Gottes, vertreibe Putin" in der Christ-Erlöser-Kathedrale, dem größten orthodoxen Gotteshaus des Landes, verurteilt wurde und 2021 lediglich wegen der Teilnahme an einer Solidaritätskundgebung für Alexej Nawalny: „Die Kriminalisierung politischer Aktivität löst keinen Schock mehr aus, sondern ist Teil der Morgennachrichten. [...] Mein erstes Urteil entsprach der Botschaft: ‚Wagt es nicht, die Staatsideologie anzutasten.' Mein zweites Urteil bedeutet: ‚Wagt gar nicht erst darüber zu sprechen, was wir tun.'" In den letzten Jahren wundern sich gewöhnliche Bewohner Russlands, die sich einfach für Verbesserungen in ihrer Stadt und ihrem Land einsetzen wollten, nicht mehr, wenn sie abgeholt werden; sie rechnen vielmehr damit.

Daraus wird klar, warum viele politisch Angeklagte nicht einmal versuchen, eine Änderung der Gerichtsentscheidung zu ihren Gunsten zu erreichen. Im Gegenteil, sie fordern den Gerichtssaal heraus. „Zum Gericht werde ich nicht viel sagen. [...] Dies alles ist eine Farce und eine Posse", sagt Wjatscheslaw Jegorow. Und dass sich gerade Jurij Dmitrijew an „unsere verehrte Staatsanwaltschaft" wendet, erinnert an den aus dem sowjetischen *Samisdat*[2] bekannten versteckten Spott über die Machthaber. Inzwischen wurden auch Fälle bekannt, in denen das letzte Wort selbst kriminalisiert wurde wie bei Andrej Birjukow und Ioann Aschtscheulow.

An wen wenden sich die Angeklagten, zu wem sprechen sie? Politiker unter den Angeklagten nutzen das letzte Wort als eine heute in Russland seltene Möglichkeit, sich öffentlich an ihre Wähler zu wenden. Aber auch für jene, die sich nicht als Politiker verstehen, gibt es ein unsichtbares Auditorium. Sie sprechen für ihre Angehörigen und Verteidiger und für

---

2   *Samisdat* bezeichnet im Selbstverlag publizierte Texte, die unzensiert Verbreitung fanden und ein wesentliches Merkmal der sowjetischen Dissidentenbewegung in den 1950er bis 1980er Jahren waren.

jene Russen, die ihre Reden in *Mediazona*, *Meduza* oder der *Novaja gazeta*[3] lesen und die so sehr darauf angewiesen sind, dass jemand ihre eigene Position, ihren Zorn und ihren Schmerz laut ausspricht. Sie sprechen auch für jene, die ebenfalls für die Bekundung bürgerlicher Solidarität oder für legitime öffentliche Aktivitäten verurteilt wurden oder denen dies noch bevorsteht und die vielleicht nirgendwo sonst Unterstützung finden. In diesem Buch wird man feststellen, dass manche Reden andere zitieren und dass sie gleichsam einen Dialog aufrechterhalten, ungeachtet aller Verbote. Im Wissen darum, dass sie vermutlich Jahre des Schweigens im Lager oder sogar den Tod zu gewärtigen haben, wie es bei Alexej Nawalny der Fall war, nutzen die künftigen politischen Gefangenen diesen Moment, um sich selbst, der Zukunft und der gesamten Welt etwas zu sagen; allen, die bereit sind, ihre Stimme und ihre Wahrheit zu hören.

In diesem Buch kommen sehr unterschiedliche Angeklagte zu Wort. Männer und Frauen, ganz junge Menschen und Erwachsene, Personen, die wie Alexej Nawalny, Wladimir Kara-Mursa und Ilja Jaschin die bewusste Entscheidung getroffen haben, bis zum Ende zu gehen, allen Warnungen zum Trotz – und Menschen, die mehr zufällig in den Strudel der Repressionen geraten sind. Die Journalistin Swetlana Prokopjewa, der Menschenrechtler Oleg Orlow und die Politikerin Lilia Tschanyschewa wurden für ihre berufliche Tätigkeit verurteilt; Alexandra Skotschilenko und Viktoria Petrowa wegen ihrer Positionierung gegen den Krieg; und

---

3   Unabhängige Zeitungen, die in Russland verboten wurden und nun ihre Inhalte vor allem vom Ausland aus im Internet veröffentlichen (hier in der im Internet auffindbaren Schreibweise).

Nikita Uwarow, Salech Magamadow und Wladimir Metjolkin einfach, weil sie ihr normales Leben lebten. All diese Menschen vertreten verschiedene Ansichten zur Politik, zum Staat sowie zur Religion, und sie haben unterschiedliche Verteidigungsstrategien vor Gericht. Wenn sie sich vorher begegnet wären, hätten sie sich schwerlich alle miteinander angefreundet.

Dennoch haben die hier publizierten Reden eines gemeinsam: den Sieg über die Angst. Die Protagonisten dieses Sammelbandes weigern sich, sich zu fürchten und sich als eingesperrt zu empfinden. Viele sagen sogar, dass sie freier sind als jene, die sie verurteilen. Aus ihren Reden ist ersichtlich, dass sie auf ganz unterschiedliche Dinge zurückgreifen, um Halt zu finden: Ihre Ansichten, ihr Geschlecht, ihr Volk oder Gott; Schriftsteller von Tolstoi bis Sorokin; ihren Beruf, einfach ihren Zorn und ihr Gefühl, im Recht zu sein, ihre Hoffnungen auf die Zukunft und ihren Glauben an die Menschen. Aber das Wichtigste ist: fast alle sprechen von der Unterstützung, die sie von ihren Verteidigern bekommen haben, von Angehörigen sowie von ihnen ganz unbekannten Menschen, die mit ihnen solidarisch sind, die ihnen Briefe in die Untersuchungshaft schicken, Geld für Medikamente sammeln oder einfach ihr Schicksal verfolgen. „Ich habe keine Angst. Habt auch Ihr keine Angst" – diese Worte Alexej Nawalnys finden sich am häufigsten an den Mahnmalen, die Russen weltweit zum Gedenken an ihn spontan aufgestellt haben. Gewöhnliche Russen unterstützen die Menschen, denen es gelang, die Angst zu besiegen, und diese unterstützen wiederum sie. Und bis heute ist die russländische Gesellschaft, allen Verfolgungen zum Trotz, nicht ohne Hoffnung.

Mariia Vasilevskaia (*OVD-Info*)

Alles kann sich jeden Moment ändern

Maxim Smyschljajew

9. August 2017

Maxim Smyschljajew (*1982) studierte am Institut für Geschichte und internationale Beziehungen der Südlichen Föderalen Universität, als am 24. April 2016 seine Wohnung in Rostow am Don durchsucht wurde. Am Abend desselben Tages gab es eine persönliche Gegenüberstellung mit Artur Panow,[1] mit dem er sich im Herbst 2015 in sozialen Netzwerken ausgetauscht hatte. Das Gericht des Leninbezirks von Rostow am Don ordnete an, Maxim Smyschljajew in Untersuchungshaft zu nehmen. Er wurde nach Artikel 205.1-3 („Beihilfe zur Vorbereitung eines terroristischen Anschlags") beschuldigt. Maxim Smyschljajew bekannte sich nicht schuldig und betonte, dass er Panows Vorhaben stets abgelehnt habe. Außerdem erklärte er, dass die Ermittler ihn und seine Freundin bedroht und bei den Verhören körperliche Gewalt angewandt hätten.

---

1 Am 5. Dezember 2015 nahm der russländische Geheimdienst FSB* in Rostow am Don den 17-jährigen ukrainischen Staatsbürger Artur Panow (*1998) fest. Er hatte sich zum Theoretiker der vierten Generation der „Roten Armee Fraktion" erklärt und im Namen dieser Organisation putinkritische Flugblätter in Luhansk verteilt. Nach Version der Ermittler soll er mehrere Terrorakte auf dem Territorium der Russischen Föderation mit selbstgebauten Sprengsätzen vorbereitet haben. Panow wurde gemäß den folgenden Artikeln des Strafgesetzbuchs der Russischen Föderation angeklagt: Artikel 30-1 und Artikel 205.1 („Vorbereitung eines Terroraktes"), Artikel 205.1-1 („Anwerbung für terroristische Aktivitäten"), Artikel 205.2-1 („Öffentlicher Aufruf zu terroristischen Aktivitäten"), Artikel 222.1-1 („Unerlaubte Aufbewahrung von Sprengkörpern"), Artikel 223.1-1 („Unerlaubte Herstellung von Sprengkörpern"). Panow bekannte sich im Zuge der Ermittlungen schuldig, zu Terrorismus aufgerufen sowie Sprengstoff hergestellt und aufbewahrt zu haben. Doch vor Gericht erklärte er, dass er gezwungen worden war, sich selbst zu belasten. Artur Panow wurde zu neun Jahren Lagerhaft verurteilt.

> Am 11. August 2017 verurteilte das Militärgericht des Bezirks Nordkaukasus Maxim Smyschljajew gemäß Artikel 205.1-3 zu zehn Jahren Lager mit strengen Haftbedingungen.

Hohes Gericht, wie der Zufall es wollte, bin ich in einen Strudel historischer Ereignisse geraten. Der Krieg im Donbas wurde zum Katalysator dafür, dass ich jetzt auf dieser Anklagebank sitze; jener schreckliche Krieg zwischen Brudervölkern: der Herren Sünde, der Bauern Buße.[2] Menschen waren und werden immer kleine Menschlein sein, solange sie hinter den Aufforderungen zum Handeln nicht die Interessen bestimmter Klassen erkennen.

Das Gerichtsverfahren gegen mich beruht auf einer polizeilichen Anzeige, die ins Absurde führt: wenn für eine unbedachte Äußerung eine Haftstrafe gefordert wird. Mein einziges Vergehen besteht darin, dass ich keine Anzeige erstattet habe. Stattdessen habe ich alles darangesetzt, Panow von seinen Plänen abzubringen. Panow hat bestätigt, dass es meine Argumente waren, die ihn dazu gebracht haben, sein Vorhaben zu verwerfen. Natürlich ist Terrorismus ein Irrweg, verheerend für jeden Unzufriedenen und das Los weltfremder Idealisten. Aber eine Frage stellt sich mir: Wie kann es sein, dass im Laufe des gesamten Gerichtsverfahrens keine Zeit gefunden wurde, echten Terrorismus von Rowdytum abzugrenzen?

Lassen Sie uns einen Moment überlegen: Wofür werde ich verurteilt? Für ein paar dahingeworfene, aus dem Zusammenhang gerissene Sätze. Wird man bei uns wieder für Gedanken verurteilt? Oder nicht einmal für Gedanken, sondern lediglich für deren mögliche Interpretation? Ich habe

---

2 russisches Sprichwort

historische Politologie studiert. Aufgrund meiner Forschungsinteressen habe ich versucht zu verstehen, was vor sich geht: Ein 17-Jähriger aus Luhansk hatte beschlossen, sich bei den Russen für den Donbas zu rächen. Ist das ein terroristischer Akt oder Irrsinn, ausgelöst durch das Kriegsgeschehen? Meine Bemühungen, Panow diesen Schritt auszureden, haben die Geheimdienste völlig verzerrt dargestellt.

Ich mache mir keinerlei Illusionen über dieses Gericht – ein Militärgericht. Aber juristisch bin ich unschuldig.

Ein paar Worte an diejenigen, die in Freiheit sind: Danke allen, die mich im Gefängnis unterstützt haben. Es tut gut zu sehen, dass man nicht allein ist, dass draußen Leute sind, die von einem wissen. Menschen, die ich nicht einmal kenne, haben mir Briefe ins Gefängnis geschrieben. Ich danke ihnen. Ich danke auch den Menschenrechtsorganisationen, die mich unterstützt haben.

Unsere historische Erfahrung lehrt uns, dass sich in einem Land wie Russland jeden Moment alles ändern kann. Diese Maßlosigkeit, die sich heute vollzieht … Ich würde gerne daran glauben, dass diese Polizeiwillkür lokal begrenzt ist.

Ich möchte, dass es unserem multinationalen Volk gut geht, dass unser Land sich entwickelt und sich in erster Linie auf die Lösung der inneren sozioökonomischen Probleme konzentriert. Unser Land ist reich an Ressourcen, sie müssen nur für das Gemeinwohl eingesetzt werden.

Wir mussten lernen,
dass Initiative bestraft wird

Jegor Schukow

4. Dezember 2019

> Jegor Schukow (*1998) studierte zum Zeitpunkt seiner Verhaftung Politologie in Moskau. Der Videoblogger kooperierte mit dem Team des Oppositionspolitikers Dmitrij Gudkow.[1]
> Am 27. Juli 2019 beteiligte er sich an einer Demonstration gegen die Nichtzulassung von Kandidaten zur Wahl des Moskauer Stadtrats. 1.373 Personen wurden festgenommen. Am 30. Juli 2019 wurde der sogenannte „Moskauer Fall" eröffnet. Im August wurde die Wohnung von Jegor Schukow durchsucht, am 3. September 2019 wurde er unter Hausarrest gestellt. Zunächst wurde ihm Artikel 212.2 („Beteiligung an Massenunruhen") vorgeworfen. Das Kunzewo-Bezirksgericht Moskau verurteilte Jegor Schukow am 6. Dezember 2019 gemäß Artikel 280.2 („Aufruf zum Extremismus") zu drei Jahren Haft auf Bewährung. Derzeit befindet er sich im Ausland, wo er studiert.

Wir haben hier konkrete Sätze, Nuancen von Formulierungen und Interpretationsmöglichkeiten diskutiert. Und ich hoffe, dass wir dem Hohen Gericht beweisen konnten, dass ich kein Extremist bin – weder in sprachwissenschaftlicher Hinsicht noch aus Sicht des gesunden Menschenverstands. Doch jetzt möchte ich etwas Grundlegenderes ansprechen als die Bedeutung von Wörtern. Ich möchte über die Motive meines Handelns sprechen, zumal sich Experten dazu schon geäußert haben.

---

1 Dmitrij Gudkow (*1980) war 2011-2016 gewählter Abgeordneter der Staatsduma. 2018 gründete er mit Xenia Sobtschak (*1981) die *Partei der Veränderungen*.

Meine Motive sind so ehrlich und tiefgehend, dass sie mich dazu gebracht haben, mich mit Politik zu beschäftigen. Aus diesen Motiven heraus habe ich auch die Videos aufgenommen. Der russländische Staat präsentiert sich heutzutage als letztes Bollwerk traditioneller Werte. Und wie man uns versichert, erfahren die Institution der Familie und der Patriotismus viel Aufmerksamkeit. Der christliche Glaube wird als zentraler Wert bezeichnet.

Euer Ehren, ich denke, das ist sehr gut, denn einige [seiner Ideen] sind mir wirklich sehr nah. Da wäre als erstes die Verantwortung. Die Grundlage des Christentums bildet die Geschichte eines Menschen, der beschloss, das Leiden der ganzen Welt auf seine Schultern zu laden. Er übernahm Verantwortung, und das ist tatsächlich die zentrale Idee der gesamten christlichen Welt.

Zweitens: die Liebe. Liebe deinen Nächsten wie dich selbst. Das ist der Kernsatz des Christentums: Barmherzigkeit, gegenseitige Hilfe und Fürsorge. Eine Gesellschaft, die auf solch einer Liebe errichtet ist, ist eine starke Gesellschaft, vermutlich die stärkste unter allen, die grundsätzlich möglich sind. Um die Motive für mein Handeln zu verstehen reicht es aus, sich anzuschauen, wie der heutige russländische Staat sie [diese Werte] verteidigt.

Bevor man jedoch über Verantwortung spricht, sollte man die Frage beantworten: Was macht die Ethik eines verantwortungsvollen Menschen aus? Welche Worte richtet er im Laufe seines Lebens an sich selbst?

Mir scheint, es sind die folgenden:

- Denke daran, dass dein ganzer Weg voller Schwierigkeiten sein wird, die manchmal unerträglich sind.

- Alle, die dir nahestehen, werden sterben und alle deine Pläne werden zerstört werden.
- Man wird dich betrügen und verlassen, und du wirst dem Tod niemals entrinnen.
- Leben ist Leiden, finde dich damit ab. Doch wenn du dich abgefunden hast, so trage dennoch dein Kreuz und verfolge deinen Traum, denn andernfalls würde alles noch schlechter.
- Gib ein Beispiel, sei ein Mensch, auf den man sich verlassen kann.
- Unterwirf dich nicht den Despoten.
- Kämpfe für die Freiheit des Körpers und des Geistes und für ein Land, in dem deine Kinder glücklich werden können.

Ist es das, was man uns lehrt? Lernen etwa die Kinder diese Ethik heute in der Schule? Feiern wir etwa solche Helden? Nein. Die Situation im Land zerstört jegliche Chancen auf Wohlergehen. Zehn Prozent der reichsten Russen haben den Großteil der Vermögenswerte an sich gebracht. Natürlich gibt es unter ihnen auch ehrenwerte Bürger, doch der größte Teil dieses Wohlstands wurde auf unehrliche und korrupte Weise erworben.

Unsere Gesellschaft wird durch eine undurchdringliche Barriere in zwei Schichten geteilt. Alles Geld ist oben angehäuft, und von dort gibt niemand etwas ab. Unten bleibt nur die Ausweglosigkeit. Und weil sie verstehen, dass sie nichts zu erwarten haben, wie sehr sie sich auch bemühen, sich selbst oder ihre Familien glücklich zu machen, lassen die russischen Männer entweder ihre Wut an ihren Frauen aus, trinken sich zu Tode oder hängen sich auf. (Russland ist das Land mit der höchsten Anzahl männlicher Selbstmorde pro 100.000 Einwohner). Und im Ergebnis sind ein Drittel aller

Familien in Russland alleinerziehende Mütter mit ihren Kindern. Schützen sie so, das möchte ich fragen, die traditionelle Institution der Familie?

Miron Fjodorow,[2] der mehrfach zu meinen Treffen kam, hat irgendwann einmal richtig angemerkt, dass in unserem Land der Alkohol billiger sei als Schulbücher. Der Staat schafft damit die Grundlage dafür, dass der russische Mensch, wenn er zwischen Verantwortung und Verantwortungslosigkeit zu entscheiden hat, letzteres wählt.

Und jetzt zur Liebe. Liebe ist ohne Vertrauen nicht möglich. Und wahres Vertrauen entsteht dann, wenn man gemeinsam an etwas arbeitet. Doch gemeinsames Handeln ist [erstens] in unserem Land, wo das Gefühl von Verantwortung nicht entwickelt ist, sehr selten. Und sollte zweitens dieses gemeinsame Handeln dennoch irgendwo praktiziert werden, dann wird es sogleich von den Wächtern als Bedrohung wahrgenommen. Dabei ist es völlig egal, womit du dich beschäftigst; ob du die Natur schützt, für Menschenrechte eintrittst oder Gefangenen hilfst. Früher oder später ereilt dich die Registrierung als „ausländischer Agent"* oder du wirst einfach eingesperrt.

Der Staat gibt klar zu verstehen: „Leute, ab mit Euch in Eure Höhlen." Da versammeln sich mehr als zwei auf der Straße? Verboten, wir sperren Euch wegen einer Demo weg. Gemeinsam an sozialen Fragen arbeiten? Auch verboten, wir registrieren Euch als „ausländische Agenten"*.

Wie soll in so einem Milieu Vertrauen wachsen und damit Liebe? Nicht die romantische, sondern die humanistische

---

2   Gemeint ist wahrscheinlich der Rapper Miron Fjodorow (*1985), der sich auch Oxxxymiron nennt.

Liebe von Mensch zu Mensch ... Die einzige Sozialpolitik, die der russländische Staat konsequent verfolgt, ist die Spaltung der Gesellschaft. Der Staat entmenschlicht uns vor den Augen unserer Mitmenschen, und in seinen Augen sind wir schon längst entmenschlicht.

Wie lässt sich eine derart barbarische Haltung des Staates gegenüber den Menschen erklären? Eine Haltung, die sich Tag für Tag durch Schläge mit Gummiknüppeln, Folter in den Straflagern, Ignorierung von HIV oder die Schließung von Schulen und Krankenhäusern äußert? Betrachten wir uns also im Spiegel. Was ist aus uns geworden, nachdem wir zugelassen haben, uns solches anzutun? Wir wurden zu einer Nation, die verlernt hat, Verantwortung zu übernehmen. Wir wurden zu einer Nation, die verlernt hat zu lieben.

Vor mehr als 200 Jahren schrieb Alexander Radischtschew[3] auf seiner Reise von Petersburg nach Moskau: „Ich blickte mich um, und meine Seele ward verwundet durch menschliches Leiden. Ich wandte den Blick auf mein Inneres und sah, dass das Unglück des Menschen vom Menschen herrührt." Wo sind heute die Menschen, deren Seele so unter dem leidet, was im Land vor sich geht? Es gibt sie in Russland fast nicht mehr. Denn es ist tatsächlich so, dass die einzige traditionelle Institution, die der derzeitige russländische Staat ehrt und schützt, die Selbstherrschaft[4] ist, die das

---

3 In „Die Reise von Petersburg nach Moskau", erschienen 1790 in Sankt Petersburg, kritisierte der russische Philosoph Alexander Radischtschew (1749-1802) die zaristische Selbstherrschaft. Zarin Katharina II ließ ihn daraufhin zu zehn Jahren Verbannung in Sibirien verurteilen.

4 Die Selbstherrschaft (*samoderschawie*) ist eine Form der Autokratie. Der Begriff wurde unter Zar Ivan III (1440-1505) eingeführt. Zusammen mit Orthodoxie (*prawoslawie*) und Nationalität (*narodnost*) wurde sie im

Leben eines jeden vernichten kann, der seiner Heimat wahrhaftig Gutes will, der sich nicht schämt zu lieben und Verantwortung zu übernehmen.

Und im Ergebnis mussten die Bürger unseres leidgeprüften Landes lernen, dass Initiative bestraft wird, dass die Führung nur deshalb Recht hat, weil sie eben die Führung ist, und dass hier vielleicht sogar Glück möglich ist – nur eben nicht für sie.

Und nachdem sie das verstanden hatten, begannen sie langsam zu verschwinden. Den Statistiken von *Rosstat** zufolge verschwindet Russland nach und nach mit einer mittleren Geschwindigkeit von jährlich minus 400.000 Menschen. Hinter dieser Statistik sieht man die Menschen nicht. Das sind Menschen, die sich ins Vergessen trinken, die in ungeheizten Krankenhäusern erfrieren, die von irgendjemandem erschlagen wurden oder die sich selbst töteten. Menschen so wie Sie und ich.

Ich denke, dass die Motive meines Handelns klar geworden sind. Ich wünsche mir für meine Landsleute wirklich diese beiden Eigenschaften: Verantwortung für sich selbst, für die Nächsten und für das ganze Land; Liebe zu den Schwachen, den Nächsten und der gesamten Menschheit. Dieser Wunsch ist ein weiterer Grund dafür, weshalb ich nicht zu Gewalt aufgerufen haben kann. Gewalt kennt keine Schranken, führt zu Straflosigkeit. Gewalt führt zu Verantwortungslosigkeit. Und so führt Gewalt auch nicht zu Liebe.

Ich hoffe, dass mein Wunsch in Erfüllung geht. Ich blicke nach vorn, hinter den Horizont der Jahre, auf ein Russland,

---

19. Jahrhundert zur herrschenden Ideologie im Verhältnis Russlands zu Europa im Sinne einer chauvinistischen Russifizierungspolitik.

das voll ist von verantwortungsvollen und liebenden Menschen. Das wird dann ein wahrhaft glücklicher Ort sein. Möge sich jeder ein solches Russland vorstellen, und möge diese Vorstellung Sie in Ihrem Handeln leiten, so wie es mich leitet.

Wenn dieses Gericht heute die Entscheidung trifft, dass diese Worte jetzt von einem wirklich gefährlichen Verbrecher gesprochen werden, so werden die nächsten Jahre für mich voller Entbehrungen und Unglück sein. Doch ich blicke auf die Leute, mit denen mich der „Moskauer Fall" zusammengeführt hat: auf Kostja Kotow,[5] auf Samariddin Radschabow[6] – und ich sehe ein Lächeln auf ihren Gesichtern. Ljoscha Minjailo[7] und Danja Konon[8] haben sich in den Minuten unseres kurzen Austauschs im Untersuchungsgefängnis nicht ein einziges Mal erlaubt, über das Leben zu klagen. Ich werde mich bemühen, ihrem Beispiel zu folgen.

Ich bin froh, dass ich die Möglichkeit habe, für meine Werte einzustehen. Denn letztendlich, Euer Ehren, gilt: Je schrecklicher meine Zukunft, desto breiter das Lächeln, mit dem ich ihr entgegenblicke.

---

5   Konstantin Kotow (*1985) ist ein Programmierer aus Moskau. Am 5. September 2019 verurteilte ihn das Moskauer Twerskij-Bezirksgericht gemäß Artikel 212-1 („Organisieren von Massenunruhen") zu vier Jahren Lagerhaft.

6   Samariddin Rabschabow (*1998), RAP-Musiker aus Moskau, befand sich seit dem 27. Juli 2019 in Haft. Angeklagt gemäß Artikel 318-1 („Androhung von Gewalt gegen Behördenvertreter"), wurde er am 24. Dezember 2019 zu einer Geldstrafe von 100.000 Rubel verurteilt und aufgrund der in Haft verbrachten Zeit straffrei gestellt.

7   Alexej Minjajlo (*1985) arbeitet mit benachteiligten Kindern und engagiert sich als Politiker. Das Moskauer Basmanny-Bezirksgericht entließ ihn am 26. September 2019 ohne Urteilsspruch.

8   Daniil Konon (*1997), Student aus Moskau, war am 3. August 2019 festgenommen worden. Am 3. September 2019 beendeten die Ermittler das Verfahren gegen ihn wegen „Fehlens eines Straftatbestands".

Die Haft ist ein ständiger Kampf gegen den Hass

Ilja Schakurski

17. Januar 2020

Ilja Schakurski (*1996) ist ein Student aus Pensa, der ökologische Aktionen initiierte. Um ihn unter Schülern, mit denen er den Fluss Mokscha von Müll reinigte, zu verunglimpfen, wurde er von Staatsbeamten als Nazi verleumdet. Als linker Aktivist ist er wiederholt von Rechtsradikalen überfallen worden.

Am 18. Oktober 2017 wurde Ilja Schakurski verhaftet. Nach der Version des russländischen Inlandsgeheimdienstes FSB* hätten er und zehn weitere Personen in Pensa und Sankt Petersburg die terroristische Vereinigung *Netzwerk*[1] gegründet und beabsichtigten, die Regierung in Russland zu stürzen. Die Angeklagten berichteten, dass sie in den ersten Wochen und Monaten nach ihrer Festnahme wiederholt schwer gefoltert und psychisch unter Druck gesetzt worden seien. Ilja Schakurski gab an, dass FSB*-Beamte ihn mit Elektroschocks gefoltert hätten.

Am 10. Februar 2020 verurteilte das Priwolschski-Bezirksmilitärgericht Ilja Schakurski zu 16 Jahren Lagerhaft unter strengen Haftbedingungen, einer Geldstrafe von 50.000 Rubel[2] und zu eineinhalb Jahren Freiheitsbeschränkung. Die Verurteilung erfolgte gemäß Artikel 205.4-1 („Bildung einer terroristischen Vereinigung"), Artikel 222-1 („Unerlaubter Besitz von Waffen und Munition") und Artikel 222.1-1 („Unerlaubter Besitz von Sprengstoff").[3]

---

1 Am 14. März 2019 wurde *Netzwerk* als terroristische Organisation* eingestuft.
2 Das entsprach zum Zeitpunkt der Verurteilung gut 700 Euro.
3 Mit Ilja Schakurski wurden sechs weitere junge Männer verurteilt: Dmitrij Ptschelinzew (*1992) zu 18 Jahren Lager plus eineinhalb Jahren Freiheitsbeschränkung, Andrej Tschernow (*1989) zu 14 Jahren Lager, Maxim Iwankin (*1994) zu 13 Jahren Lager und Michail Kulkow zu zehn Jahren Lager, zu verbüßen jeweils unter strengen Haftbedingungen. Wasili Kuxow (*1988) und Arman Sagynbajew (*1992) wurden zu neun bzw. sechs Jahren Lagerhaft verurteilt: Sangybajew, der am 6.

Ehrlich gesagt möchte ich nicht, dass mein letztes Wort zu einem Manifest, einem Plädoyer oder einer Analyse des Gerichtsverfahrens wird. Ich möchte mich an alle Anwesenden wenden, vor allem an diejenigen, die keine offizielle Funktion, keinen Auftrag haben, damit die Meinung der Anwesenden zuerst vom Standpunkt der Menschlichkeit ausgeht.

Ich bin kein Heiliger, kein perfekter Mensch. Mein ganzes Leben lang konnte ich mir erlauben, laut zu werden, Fehler zu machen, ja sogar andere zu beleidigen, zu tyrannisieren, weil ich ein ganz normaler Typ bin, ein gewöhnlicher Mensch.

Ich bin kein Vegetarier, aber gleichzeitig bin ich auch nicht der, als den mich die Ermittlung die ganze Zeit hingestellt hat. Ich bin kein gewalttätiger Terrorist. Ich bin kein Militanter. Ich bin nicht jemand, der bereit ist, für seinen eigenen Vorteil zu töten und etwas Extremes zu tun.

In der Zeit der Haft konnte ich mit unterschiedlichen Menschen reden, mit Mitarbeitern des Föderalen Strafvollzugsdienstes, mit Polizisten und dem Begleitpersonal. Mir ist klar, dass es unter ihnen wie überall sowohl schlechte als auch gute Menschen gibt.

Unter diesen Leuten, gegen die ich laut Untersuchung Verbrechen begangen haben soll und die ich laut der Ermittlungen zutiefst hassen soll, traf ich Typen, die sich in nichts von mir unterscheiden. Sie hören die gleiche Musik, gehen in die gleichen Clubs. Ich kann mir nicht vorstellen, sie umzubringen, weil sie eine Waffe tragen oder eine Uniform.

November 2017 verhaftet worden war, konnte am 5. November 2023 die Haftanstalt verlassen, befindet sich aber weiterhin unter administrativer Aufsicht. Alle Verurteilten verstehen sich als linke, antifaschistische Aktivisten.

Überhaupt, wenn man mir die Frage stellen würde, ob ich bereit wäre, für den Frieden auf der Welt einen Menschen zu töten, würde ich mit Überzeugung antworten: „Nein". Ich weiß, dass ich keinerlei Macht über das Leben eines Menschen habe. Ich weiß auch, dass Frieden nicht durch Blutvergießen erreicht werden kann.

Manch einer mag jetzt vielleicht denken, dass ich ein Heuchler sei, dass ich das alles nur sage, um einer Strafe zu entgehen oder in einem guten Licht zu erscheinen. Aber Heuchelei ist eher, wenn jemand sagt, was er in Wirklichkeit gar nicht denkt. Ich bin aufrichtig in meinem letzten Wort.

Die Bedingungen, unter denen ich in den letzten zwei Jahren gelebt habe, ohne die Möglichkeit, mit denjenigen zusammen zu sein, die mir wichtig sind, sind bereits mehr als eine harte Strafe – für was auch immer. Gleichzeitig mache ich mir immer mehr Gedanken darüber, was auf mich zukommt, wenn ich eine Haftstrafe bekomme. Die Dauer ist wirklich eine ernste Sache. Ich habe bereits eine Vorstellung davon, was für Orte das sind, die mir bevorstehen, und ich denke ständig darüber nach, was in Zukunft passieren wird.

Der Punkt ist, dass Leute, die sich darüber im Klaren sind, wofür sie bestraft werden, sich in Haft anders fühlen als diejenigen, die sich ständig fragen „Wofür?". Menschen, die – sagen wir – einen Mord oder einen Raub begangen haben ... Sie begreifen, dass sie einen Fehler gemacht haben und verstehen, dass sie dafür bestraft werden.

Aber wie werde ich mich in Zukunft fühlen? Diese ständige Frage „Wofür?", auf die es keine Antwort gibt, wird immer wieder Hass in mir hervorrufen, der mich vollständig verzehren kann. Und meine Haft ist nichts anderes als ein

Kampf gegen diesen Hass, ein ständiger Kampf. Und, glauben Sie mir, das ist die größte Herausforderung, die vor mir liegt, denn ich möchte immer noch ich selbst bleiben.

Aber wenn es nur darum geht, was in meinem Kopf passiert, was man als meine Ansichten bezeichnet, dann möchte ich Folgendes sagen: In unserer Kindheit wurde uns beigebracht, nicht zu lügen. In den Gerichtssälen haben wir wiederholt gesehen, wie Erwachsene unverhohlen etwas behaupten, lügen und genau wissen, welche Konsequenzen das haben kann. Sie verstehen, dass von ihren Worten das Leben anderer abhängt. Und doch lügen sie weiter. Ich sehe sie an, sie lügen. Ich weiß nicht, was ich davon halten soll.

Wir werden erwachsen und beginnen, unser Leben bewusster zu leben. Man lehrt uns, unserer Vorfahren und Helden zu gedenken, die uns gegen das globale Übel namens Faschismus verteidigt haben. Wir begreifen das alles, nehmen es in uns auf. Und dann sitze ich hier – ein überzeugter Antifaschist – und höre mir die Aussagen eines anonymen Menschen an, der ein bekennender Nazi ist.[4]

Ich müsste ihm natürlich Anerkennung zollen – er hat einen humaneren Weg im Kampf gegen die Antifaschisten gefunden: Jetzt schießen sie ihnen nicht mehr in den Hinterkopf, sondern machen falsche Aussagen unter einer Maske. Wahrscheinlich wird er sich jetzt freuen und denken, er habe mich überlistet, ausgetrickst.

---

4   Anmerkung der Redaktion des Senders BBC, der das letzte Wort veröffentlichte: Während des Prozesses hörte das Gericht die Aussage eines geheimen Zeugen, der nach Angaben der Verteidigung radikalen nationalistischen Kreisen angehört. Er machte seine Aussage aus einem anderen Raum per Audioübertragung.

Dazu wird uns von frühester Kindheit an die wichtigste religiöse Lehre vermittelt: „Liebe deinen Nächsten". Hier kommt mir in den Sinn, was mir passiert ist. Ich weiß nicht, ich kann noch keine Kraft in mir finden, diese Menschen, die mir Gewalt angetan haben, einfach normal zu behandeln oder gar zu lieben. Sie haben mich nicht nur geschlagen, nicht nur bestraft. Das ist Schikane, das ist Sadismus. Ich kann diese Leute einfach nicht verstehen.

Dann fangen wir an, in der Schule zu lernen, beschäftigen uns mit Literatur und Geschichte, die uns Weisheit und Erfahrung vermitteln, welche über viele Generationen erworben wurden. Und in vieler Hinsicht haben die Klassiker der Literatur meine Ansichten und die meiner Landsleute beeinflusst – Lermontow, Kuprin, und genauso Lew Tolstoi.[5] Ich möchte ihn damit zitieren, dass Freiheit, Gleichheit und Brüderlichkeit, so wie sie galten, wahr sind und bleiben werden. Sie werden die Ideale der Menschheit sein, bis wir sie erreicht haben.

Im Grunde genommen sind das die Grundsätze, an die ich mich immer gehalten habe. Ich sehe darin nichts Kriminelles oder Verbotenes. Meine Ansichten wurden mir nicht von Agenten ausländischer Staaten, irgendwelchen Anwerbern oder politisch Tätigen in den Kopf gesetzt ... Meine Meinung wurde durch Erziehung, Studium und Entwicklung gebildet ...

Aber vielleicht ist das, literarisch ausgedrückt, ein Problem von Vätern und Söhnen?[6] Ist es ein Missverständnis der

---

5   Michail Lermontow (1814-1841), Alexandr Kuprin (1870-1938) und Lew Tolstoi (1828-1912) waren russische Schriftsteller.
6   Anspielung auf den Roman „Väter und Söhne" von Iwan Turgenjew (1818-1883), geschrieben 1861. Darin werden unterschiedliche

Generationen, wenn unsere Handlungen und Überzeugungen von der älteren Generation möglicherweise nicht verstanden werden und sie deshalb ängstigen, ihnen kriminell oder zu provokativ erscheinen? Ja, vielleicht. Vielleicht verhalten wir uns manchmal so provokativ, dass es Ablehnung hervorruft. Aber noch einmal: Keiner von uns hat jemals die Grenze des Erlaubten übertreten, niemand von uns hat auch nur die Absicht, sie zu übertreten.

Ich möchte mich zuerst bei meinen Verwandten, bei meiner Familie dafür entschuldigen, dass ich schon lange nicht mehr bei ihnen war. Und dafür, dass vielleicht noch eine lange Zeit vor uns liegen wird, in der ich nicht da sein werde ...

Ich möchte mich bei allen ohne Ausnahme bedanken, die mir in dieser Zeit geglaubt, mir geholfen und mich unterstützt haben. Vor allem dieser Unterstützung ist es zu verdanken, dass ich die ganze Zeit durchgehalten habe und Mensch geblieben bin.

---

gesellschaftliche und geistige Orientierungen anhand eines Generationenkonflikts dargestellt.

Repressionen entwickeln sich allmählich

Swetlana Prokopjewa

3. Juli 2020

Swetlana Prokopjewa (*1979) ist eine Journalistin aus Pskow. Sie hatte am 7. November 2018 in ihrer Sendung „Eine Minute der Aufklärung" auf dem Radiokanal *Echo Moskaus* in Pskow eine Explosion im Gebäude des russländischen Inlandsgeheimdienstes FSB* in Archangelsk kommentiert. Der 17-jährige Anarchist Michail Schlobizki hatte sich selbst in die Luft gesprengt; drei Sicherheitsbeamte erlitten Verletzungen.[1] Ein Text, der auf Prokopjewas Kommentar basierte, wurde in den *Pskower Newsline* unter dem Titel „Repression für den Staat" veröffentlicht. Kurze Zeit später wurden der Text und die ursprüngliche Audioaufnahme auf Ersuchen von *Roskomnadzor** entfernt.

Am 5. Februar 2019 wurde ein Strafverfahren gegen Prokopjewa eröffnet. Am 4. Juli 2019 wurde die Journalistin in die Liste der Terroristen und Extremisten des Föderalen Diensts für Finanzüberwachung *Rosfinmonitoring** aufgenommen. Alle ihre Bankkonten wurden gesperrt.

Am 6. Juli 2020 verurteilte das Militärgericht des zweiten westlichen Bezirks Swetlana Prokopjewa nach Artikel 205.2-2 („Öffentlicher Aufruf zu oder Rechtfertigung von Terrorismus unter Verwendung von Massenmedien") zur Zahlung von 500.000 Rubel.[2]

Im März 2022 verließ Swetlana Prokopjewa Russland. Am 19. Mai 2022 wurde sie aus der Liste der Extremisten und Terroristen gestrichen.

Verehrtes Gericht!

Als ich über meinen Auftritt nachdachte, fragte ich mich wie üblich: Was ist wichtig genug, um es der Öffentlichkeit mitzuteilen? Das letzte Wort wird in der Regel aufmerksam

---

1 Vgl. Fußnote zum letzten Wort von Asat Miftachow in diesem Buch.
2 Das entsprach zum Zeitpunkt der Verurteilung gut 6.000 Euro.

gehört, und es wäre unklug, es nur dazu zu verwenden, Mitleid zu wecken.

Zunächst beschloss ich, darüber zu sprechen, wie widersinnig es ist, Worte mit der ganzen Wucht der strafrechtlichen Verfolgung zu bestrafen: wie unwirksam ist das im Vergleich zu einem echten öffentlichen Urteil. Sehen Sie selbst: Es gibt bei uns viele Beispiele dafür, dass ein Beamter, ein Politiker oder ein Prominenter, der etwas Dummes, Grobes und Beleidigendes gesagt hat, nach einem Skandal in kürzester Zeit seine Position und Werbeverträge verliert. Die sozialen Netzwerke reagieren schnell und sensibel. Die Gesellschaft folgt ihrem kollektiven Selbsterhaltungstrieb und vertreibt selbst die Sprache von Feindschaft und Hass.

Vergleichen Sie das jetzt mit meinem Strafverfahren. Der Text „Repression für den Staat" wurde nach seinem Erscheinen von Dutzenden, vielleicht Hunderten von Menschen gelesen. Er rief im Volk keinerlei Aufregung hervor. Doch ein halbes Jahr später stürmten Angehörige der Spezialeinheit SOBR* mit automatischen Waffen auf mich zu, stellten mein Haus auf den Kopf, nahmen meine Sachen mit; und jetzt sind wir schon im zweiten Jahr, um unter Einbeziehung von Experten herauszufinden, ob bei mir eine Straftat vorliegt. Gleichzeitig wurde mein laut *Roskomnadzor** gefährlicher Text inzwischen von Hunderttausenden Menschen gelesen; er wurde ins Englische übersetzt und ist in verschiedenen Ländern der Welt bekannt geworden.

Ein weiteres Thema, das ich ansprechen wollte, ist die auf den Kopf gestellte „Pyramide des Rechts". Ich bin Journalistin und mein Beruf basiert auf dem verfassungsmäßigen Recht auf freie Meinungsäußerung. Dieses ist im föderalen

Gesetz „Über die Massenmedien" detailliert dargelegt und verpflichtet Journalisten dazu, die Gesellschaft über wichtige Ereignisse und Probleme zu informieren; das Gesetz gibt ihnen das Recht, ihre persönliche Meinung öffentlich zu äußern. Das ist meine Arbeit, und für sie werde ich verurteilt.

Auf der einen Waagschale liegt nun die Verfassung, auf der anderen liegen die Dienstanweisungen von *Roskomnadzor**. Als eine Mitarbeiterin dieser Quasi-Zensurbehörde sah, dass die Maschine einen Text mit dem Wort „Terroranschlag" gefunden hatte, erkannte sie, dass es sich um einen „schwerwiegenden Artikel" handelte, und machte einen „Verstoß" aktenkundig – ohne wirklich zu verstehen, was genau der Verstoß sei, denn sie hatte keine spezielle Ausbildung: „Ich bin keine Expertin", sagte sie in diesem Prozess. Dann nahm die Akte gemäß den Anweisungen einen langen bürokratischen Weg von einer Instanz zur anderen. Damit wurde nicht nur das verfassungsmäßige Recht auf Rede- und Meinungsfreiheit, nicht nur der im föderalen Gesetz verankerte Status eines Journalisten, sondern auch die eigentliche Grundlage des Rechts – die Unschuldsvermutung – verletzt. Ich erinnere daran, dass ich bereits vor Prozessbeginn bestraft wurde, indem man mir Sachen und Geld wegnahm. Bezeichnenderweise hat keine der am Prozess beteiligten staatlichen Stellen dieses Ungleichgewicht bemerkt und beseitigt. Schon allein das spricht für den ungesunden Zustand unseres Rechtssystems.

Aber es gibt ein noch wichtigeres Thema. Die von mir hinzugezogene Sachverständige Julia Alexandrowna Safonowa wies in ihrem Auftritt vor Gericht darauf hin, dass Staaten die Redefreiheit bewusst einschränken, wenn es um die Aufstachelung zu Feindseligkeit und Hass geht. Das ist der Grund, warum im Prinzip Strafverfahren „für Worte" möglich werden. Später erläuterte Julia Alexandrowna, was sie damit meinte. Sie erinnerte daran, dass solche Einschränkungen erstmals nach dem Zweiten Weltkrieg in die Gesetzgebung demokratischer Länder aufgenommen worden sind, als die Welt erkannte, in welche Katastrophe die Nazi-Propaganda geführt hatte. Auch damals waren es „nur Worte".

Dies ist ein ernstes Problem und eine entscheidende Weggabelung: Wie kann man Hassreden mit der Kraft des Gesetzes und staatlichem Zwang bekämpfen und gleichzeitig die Redefreiheit wahren? Wie lassen sich absurde Strafverfahren vermeiden, wenn zum Beispiel mir sechs Jahre für meine persönliche Meinung drohen? Oder wenn jemand wegen eines Kommentars in einem sozialen Netzwerk verhaftet und dann in ein Straflager geschickt wird? Sie und ich wissen sehr wohl, wie weit diese Beispiele von den Worten und Reden entfernt sind, die nach Buchenwald und Auschwitz führten.

Ich habe viel darüber nachgedacht, und ich glaube, den springenden Punkt erkannt zu haben. Die Propaganda der Nazis, die zum Genozid an ganzen Völkern, zum Weltkrieg und zum Tod von Millionen Menschen führte, ging vom *Staat* aus. Adolf Hitler, der Drahtzieher des größten Verbrechens gegen die Menschlichkeit in der Geschichte, war der *Anführer eines Staates*. Goebbels, dessen Name zu einem festen Begriff geworden ist, war als Propagandaminister ein *Staatsdiener*. Und auch die gewöhnlichen Ausführenden des Holocaust – diejenigen, die in den Konzentrationslagern Menschen erschossen und folterten – standen ebenfalls im

Dienst des Staates, sie „handelten auf Anweisung" und „führten lediglich Befehle aus".³

Wenn wir uns der Geschichte zuwenden, werden wir feststellen, dass das schlimmste Massenmorden an friedlichen Menschen von staatlichen Kräften organisiert wurde. Die Kulturrevolution in China (etwa 100 Millionen Opfer) war offizielle Politik der regierenden Kommunistischen Partei Chinas in den Jahren 1966-1976.⁴ Der Große Terror in der UdSSR (mehr als 1,5 Millionen Opfer in zwei Jahren, 1937-1938) wurde von den staatlichen Sicherheitsorganen durchgeführt.⁵ Der Völkermord an den Armeniern im Jahr 1915 (1,1 Millionen Opfer) wurde von der Regierung des Osmanischen Reiches befördert.⁶ Das Massaker in Ruanda (zwischen 500.000 und 1 Million Opfer unter der Tutsi-Bevölkerung in vier Monaten des Jahres 1994) wurde von der Hutu-

---

3   Hier spielt sie offenkundig auf die von diesen Leuten nach 1945 vorgebrachten „Rechtfertigungen" an.
4   Die Kulturrevolution in China 1966-76 kostete 400.000 bis eine Million Menschen das Leben. Margolin, Jean-Louis, Kommunistische Regime in Asien: Zwischen „Umerziehung" und Massenmord, in: Das Schwarzbuch des Kommunismus. Unterdrückung, Verbrechen und Terror, hrsg. v. Stéphane Courtois et alii, München und Zürich 1998, S. 570; Insgesamt geht Courtois von 65 Millionen Toten seit 1949 in China aus. Ebenda, S. 16
5   Nicolas Werth nennt die Zahl von 1,57 Millionen Menschen, die 1937/38 im Großen Terror in der Sowjetunion verhaftet wurden. 680.000 von ihnen wurden hingerichtet. Werth, Nicolas, Ein Staat gegen sein Volk. Gewalt, Unterdrückung und Terror in der Sowjetunion, in: Schwarzbuch, S. 213
6   Die Zahl von etwa einer Million Toten infolge des Genozids an den Armeniern im Osmanischen Reich 1915/16 wird in der Literatur bestätigt, so von Vahakn N. Dadrian in: Der Völkermord an den Armeniern 1915/16. Dokumente aus dem Politischen Archiv des Auswärtigen Amts, hrsg. v. Wolfgang Gust, Springe 2005, S. 7

Regierung organisiert.[7] Die größte Bedrohung für die Sicherheit der Bürger ist eine Staatsmacht, die in die Hände von zynischen und brutalen Menschen gefallen ist.

Wenn ein krimineller Politiker, eine kriminelle Partei oder eine kriminelle Junta die Macht an sich reißt, laufen die Bürger Gefahr, alles zu verlieren – vom Eigentum über das Recht auf eine eigene Meinung bis hin zur Freiheit und zum Recht auf Leben. Aber kriminelle Politik beginnt nicht mit kriminellen Absichten, so ist es nicht. Es gibt immer „hehre Ziele" und „edle Motive", so die Wiederherstellung der Größe der Nation, die Verteidigung der Souveränität oder die Bekämpfung eines inneren Feindes. Deshalb fällt es krimineller Politik so leicht, durchschnittliche Personen zu finden, die einfach nur Anweisungen befolgen und Befehle ausführen.

Repressionen entwickeln sich allmählich. Es ist unmöglich vorherzusagen, wann die Einschränkungen der Rechte und die Verfolgung Andersdenkender in Konzentrationslager und Erschießungen umschlagen. Die Geschichte lehrt uns, dass unter den Bedingungen entsprechender staatlicher Politik und Propaganda ein solcher Wandel selbst in der kultiviertesten und zivilisiertesten Gesellschaft möglich ist.

Deshalb bedarf es der Redefreiheit, um rechtzeitig Alarm schlagen zu können. Wir brauchen unabhängige Medien, Journalisten, Oppositionspolitiker und Aktivisten, um der herrschenden Mehrheit rechtzeitig zu sagen: „Hey! Schauen Sie sich um! Sie befinden sich auf einem rutschigen

---

7   Mehr als eine Million Tutsi und moderate Huti wurden in Ruanda 1994 innerhalb von 100 Tagen getötet. https://www.un.org/en/preventgenocide/rwanda/historical-background.shtml

Abweg!" Deshalb war und ist das wichtigste und primäre Objekt der Kritik für die Medien immer der Staat – ein Machtsystem mit einem Zwangsapparat, der zu einem Instrument von Massenrepressalien werden kann.

Ich habe keine Angst, den Staat zu kritisieren. Ich habe keine Angst, die Strafverfolgungsbehörden zu kritisieren und den *Silowiki*[8] zu sagen, dass sie sich manchmal irren. Denn ich weiß, dass es wirklich beängstigend wird, wenn ich es nicht sage, wenn es niemand sagt.

Ich erhebe nicht den Anspruch, die einzig wahre Meinung zu vertreten – die gibt es nicht. Jeder kann sich irren und Fehler machen, und nicht jede Kritik ist gerecht. Aber es ist besser, unter anderem auch ungerechtfertigte Kritik als überhaupt keine zu haben. Je mehr Ideen wir diskutieren und je breiter das Spektrum der Meinungen ist, desto leichter kann die Gesellschaft richtige Entscheidungen treffen und einen optimalen Entwicklungsweg wählen. Umso leichter lässt sich eine neue humanitäre Katastrophe verhindern, gegen die die Menschheit leider nicht gefeit ist.

Ich bitte das verehrte Gericht, bei der Entscheidung über mein Strafverfahren nicht nur Aktenberichte und Protokolle zu berücksichtigen, sondern auch die allgemeinsten Grundsätze, auf denen unsere Gesellschaft aufgebaut ist. Das sind die Redefreiheit, der Status eines Journalisten und die Mission der Presse. Ich habe meine Arbeit getan. Ich habe nichts getan, was über meine beruflichen Pflichten hinausging. Darin gibt es keinen Straftatbestand.

---

8   Vertreter des Sicherheits- und Verteidigungsapparats in Russland.

Das Erinnern beenden?
Das wird so nicht gelingen!

Jurij Dmitrijew

8. Juli 2020

Jurij Dmitrijew (*1956) ist ein Historiker aus Petrosawodsk. Er leitete *Memorial*[1] in Karelien und errichtete Gedenkstätten an den Massengräbern des stalinistischen Terrors. Außerdem war er Mitglied der Kommission für die Wiederherstellung der Rechte von rehabilitierten Opfern politischer Repressionen bei der Regierung der Republik Karelien. Am Gedenktag für die Opfer des Großen Terrors[2] in Sandormoch/Karelien am 5. August 2014 verurteilte Dmitrijew öffentlich Wladimir Putin für die Annexion der Krym und die Präsenz des russländischen Militärs im Donbas.
Am 13. Dezember 2016 wurde er verhaftet und unter fingierten, ehrabschneidenden Vorwürfen angeklagt.[3] Am 5. April 2018 wurde Jurij Dmitrijew von der Anschuldigung der Pornografie und unsittlichen Körperverletzung freigesprochen und nach Anklage wegen Waffenbesitzes zu einer Freiheitsstrafe von zweieinhalb Jahren verurteilt (die er zu diesem Zeitpunkt bereits fast verbüßt hatte). In zweiter Instanz verurteilte ihn das Oberste Gericht der Republik Karelien am 29. September 2020 gemäß Artikel 132-4b („Handlungen sexueller Art gegen eine Person unter 14 Jahren") zu 13 Jahren

---

1   *Memorial* ist ein Netzwerk, das gegen Ende der Sowjetunion zur Aufarbeitung der sowjetischen Gewaltgeschichte und zum Schutz der Menschenrechte an vielen Orten entstand. 2021/22 wurden *Memorial International* und das *Menschenrechtszentrum Memorial* in Russland verboten. Es gibt aber sowohl in Russland als auch in Mittel- und Westeuropa weiterhin *Memorial*-Gruppen, die ihre Arbeit fortsetzen.
2   Unter dem Großen Terror werden die Repressionen zwischen Herbst 1936 und Ende 1938 verstanden, bei denen der sowjetische Geheimdienst 1,57 Millionen Menschen verhaftete und 680.000 von ihnen hinrichtete. Viele Menschen starben außerdem unter Folter in den Gefängnissen oder infolge der grausamen Arbeits- und Lebensbedingungen in den Lagern. Werth, Staat, S. 213
3   Ihm wurde vorgeworfen, seine Pflegetochter unbekleidet fotografiert und unsittlich berührt zu haben.

Lager unter strengen Haftbedingungen und eineinhalb Jahren Freiheitsbeschränkung.

Am 27. Dezember 2021 befand das Stadtgericht Petrosawodsk Jurij Dmitrijew für schuldig im Sinne von Artikel 242.2-2c („Herstellung von Kinderpornografie"), Artikel 135-3 („Unzüchtige Handlungen") und Artikel 222-1 („Unerlaubter Waffenbesitz"). Es verurteilte ihn unter Berücksichtigung des vorherigen Berufungsurteils zu einer Gesamtstrafe von 15 Jahren Lager unter strengen Haftbedingungen.

Verehrtes Gericht! Nun trete ich schon zum zweiten Mal in diesem endlosen Prozess mit einem letzten Wort auf. Und würde gern meine Position – wenn sie dem Gericht noch nicht klar ist – deutlich machen, warum ich der bin, der ich bin, warum ich mich so verhalte und wie ich in diesen Käfig geraten bin.

Euer Ehren, ich habe dem Gericht bereits dargelegt, dass ich vielleicht nicht ganz gewöhnlich bin, nicht ganz wie alle anderen. Das heißt, geboren wurde ich wie jeder andere, ein gewöhnlicher Mensch, doch ist mir nicht bekannt, wer meine biologischen Eltern waren, woher sie kamen, welchem Volk sie angehörten, welchem Glauben, welcher Kultur. Und – die Psychologen mögen sagen, was sie wollen – mich hat es dazu angespornt, nach den eigenen Wurzeln zu suchen. Diese Versuche unternehme ich schon seit mehr als 30 Jahren, bis jetzt ohne großen Erfolg, doch ich glaube, dass ich eines Tages die Wahrheit herausfinden werde darüber, wer ich bin, wessen Blut in mir kocht und welche Gene in mir wirken. Daher ist mir, der ich selbst als Kind von eineinhalb Jahren adoptiert wurde, das Thema Waisenkinder nicht fremd, es geht mir nah und ich fühle mit.

Ja, es gibt diesen Drang, die eigenen Wurzeln zu erforschen. Wozu? Um zu wissen, welcher Kultur man angehört.

Ich will nicht etwa sagen, dass ich einem adligen Geschlecht entspringe, darum geht es mir nicht. Mir ist wichtig zu wissen, welchem Volk ich entstamme. Ein Mensch unterscheidet sich von einem Insekt – einem Schmetterling oder einem Kartoffelkäfer – dadurch, dass er sich erinnert. Die Erinnerung an die Vorfahren – am besten bis in die siebte Generation – macht einen Menschen selbständiger in seinem Denken und lässt ihn bessere Schlussfolgerungen ziehen, denn das Gedächtnis der Generationen ist in ihm verdichtet. Leider fehlt mir dieses Wissen, deswegen strebe ich danach.

Warum erzähle ich all das? Damit Sie, Euer Ehren, meine Beweggründe verstehen, ein Kind, das ebenso ohne die Fürsorge seiner Eltern geblieben ist, in meine Familie aufzunehmen. Und so konnten die Hindernisse, die uns ganz unbegründet von einem oder zwei Beamten in den Weg gelegt wurden, meine Frau und mich nicht davon abbringen, ein Kind in unsere Familie aufzunehmen. Dem Gericht ist bekannt, welche Handlungen unternommen wurden, das ist alles in der Gerichtsakte geschildert. Wir wollen uns damit nicht aufhalten, und nur so viel sei gesagt, dass dieser Erfolg im Kampf um das Fürsorgerecht mich gelehrt hat, alles, was mit dem Aufenthalt des Kindes in unserer Familie zusammenhing, sehr genau zu nehmen.

Hier [vor Gericht] sagte die Staatsanwaltschaft, dass wir die Gesundheit [der Tochter] nicht richtig überwacht hätten. Dies ist die zweite Klausel des Familienvertrags: Ich bin verpflichtet, ihre körperliche Gesundheit zu überwachen. Und deswegen ist all dies, wie Sie gesehen haben, Euer Ehren, dokumentiert. Ich mag da der Zeit voraus gewesen sein, denn ich habe die Empfehlungen, die von hoher Regierungsebene kamen, noch vor Inkrafttreten des Telemedizin-Gesetzes[4] umgesetzt.

Unsere geschätzte Staatsanwaltschaft sagt, dass es kein Gesetz über Telemedizin gäbe. Unsere geschätzten karelischen Ärzte sagen immerfort, dass es keine Anordnung des Gesundheitsministeriums gäbe. Gleichzeitig ist diese Anordnung in Moskau bekannt, und sie wird dort bereits seit zwei Jahren angewendet. Außerdem kann ich Ihnen sagen, dass bereits im Jahr 2008 auf der Grundlage einer dieser Anordnungen ein telemedizinisches Labor an unserer medizinischen Hochschule eingerichtet wurde. Es existiert, dort gibt es Grundsatzpapiere und einen Verweis auf die Anordnung. Und wenn unsere geschätzten karelischen Ärzte sagen, dass es unmöglich sei, eine Diagnose anhand einer Fotografie zu stellen ... Es mag unmöglich sein, aber eine Fachkraft wird in der Lage sein, das Vorhandensein einer Krankheit zu vermuten und das Kind an den richtigen Spezialisten zu überweisen.

Eine Frau trat hier als Spezialistin auf ... Ich kann nicht genau sagen, was ihre Position war, ich habe das Protokoll der Sitzung nicht. Sie hat jedenfalls anhand eines Bildes die Krankheit bei dem Kind festgestellt. Wenn jemand Knochenbrüche, Schnitt- oder Platzwunden hat, dann kann ich es sehen und etwas tun: einen Verband anlegen, eine Schiene anbringen, Kälte anwenden. Aber was tun, wenn ich nicht verstehe, was sich im Körper des Kindes verbirgt?

Also schlug ich wiederholt Alarm wegen des Untergewichts [meiner Tochter]. Als wir das Kind im Alter von

---

4 Das Telemedizin-Gesetz von 2018 regelt u.a. den Einsatz telemedizinischer Technologien zur Fernbehandlung.

dreieinhalb Jahren aufnahmen, wog es zwölf Kilogramm. Mit elf Jahren, als sie unserer Familie weggenommen wurde, wog sie 24 Kilogramm. Das ist das Gewicht eines Erstklässlers, sie [die Tochter] ging aber bereits in die fünfte Klasse. Das Untergewicht lag ständig zwischen 25 und 30 Prozent, und das machte mir große Sorgen.

Ihre erste Überweisung zu einem Endokrinologen erhielt sie im Alter von sechs Jahren, im Kindergarten. Die Spezialisten der Poliklinik untersuchten lange und gründlich ihren Hals, die Schilddrüse und den Unterleib, also die Organe im Becken. Andere Kinder kommen in diesen Untersuchungsraum und bleiben da sieben, acht, zehn Minuten. Wir haben 30, 40 Minuten in diesem Raum verbracht. „Das scheint wohl nichts Schlimmes zu sein, aber etwas ist doch da. Warten wir mal ab, beim nächsten Mal sehen wir vielleicht mehr."

Das Mädchen machte ziemlich viel Sport und hat gut gegessen: Bei uns gab es jeden Tag Fleisch: Rind, Lamm, Hähnchen, zum Frühstück Würstchen mit Beilage. Wir haben beim Essen nicht gespart, Geld hatten wir Gott sei Dank genug. Und [trotzdem] blieb das Kind dünn und hager. Das hat mir keine Ruhe gelassen.

Schließlich gelang es den Ärzten 2016, etwas Licht ins Dunkel zu bringen, und so wurden wir für eine genauere Untersuchung erst ins städtische Kinderkrankenhaus überwiesen, und danach wurde eine Untersuchung in der Kinderklinik der Republik [Karelien] empfohlen. Ob sie [die Tochter] da war oder nicht – ich weiß leider nicht, was dabei herauskam, denn einen Monat zuvor, am 13. Dezember, wurde ich in Gewahrsam genommen.

Bei allen anderen Spezialisten waren wir auch. Der Augenarzt sagte bei der letzten Untersuchung, dass die Sicht etwas nachgelassen habe, weil das Mädchen zu viel mit dem Telefon spiele. Da habe ich die Entscheidung getroffen, das Smartphone durch ein gewöhnliches Telefon zu ersetzen, welches keine Spiele hat, die für die Augen schädlich sein könnten. Ich sagte zu ihr: „Warten wir bis Neujahr und schauen, ob dein Sehvermögen sich erholt, dann kannst du dein Telefon wieder haben." Ich versprach ihr übrigens zu Neujahr auch, wenn sie das Quartal ohne schlechte Noten abschließt, ein neues Tablet zu kaufen ... Zwei Tablets hatte sie schon kaputt gespielt.

Euer Ehren, noch einmal möchte ich sagen, dass ich keine widerwärtigen Handlungen gegenüber meiner Tochter unternommen habe. Was hier als womöglich sogar erotische Berührungen ausgelegt wird ist lediglich eine Interpretation der elterlichen Fürsorge. Weder habe ich sie bedrängt, beguckt, betatscht, gestreichelt noch dergleichen mehr! Nichts, was sich Genosse Ermittler ausgedacht und unsere geliebte Staatsanwaltschaft beflissentlich wiederholt hat, entspricht der Wahrheit.

Sprechen wir nun darüber, weshalb ich das Kind adoptierte. Warum – das habe ich bereits erklärt. Wie das vonstattenging, wie ich ihre Gesundheit überwachte – habe ich ebenfalls erzählt. Und nun – wozu habe ich das Kind in die Familie aufgenommen?

Sie müssen verstehen: Ich bin meinen Eltern, die mich großgezogen haben, unendlich dankbar. Das sind Alexej Filippowitsch Dmitrijew, Berufssoldat, Offizier, Kriegsveteran. Und meine Mutter, Nadeschda Dimina. Beide kommen aus einfachen Bauernfamilien. Mein Vater stammte aus Sibirien, aus dem Gebiet Tjumen, und meine Mutter aus Wologda; beide sind auf dem Land aufgewachsen. Sie haben sich während des Kriegs kennengelernt und 1946 geheiratet. Vater wurde dreimal verwundet: einmal durch eine Kugel, einmal durch ein Schrapnell und einmal durch ein Bajonett – unter dem Herzen hatte er eine Narbe. Das heißt, er wurde mit dem Bajonett getroffen, aber bevor der Deutsche ihn töten konnte, hat diesen eine Kugel erwischt.

Als sie gesehen haben, dass der Herr ihnen keine eigenen Kinder bescheren wird (offensichtlich wegen der Entbehrungen und Leiden der Kriegsjahre), haben sie – aus meiner Sicht – eine staatsbürgerliche Leistung vollbracht. Sie haben mich aus dem Waisenhaus zu sich geholt. Sie haben mich geheilt, gepflegt, großgezogen und so erzogen, dass es mir auch heute, in diesem Käfig, nicht peinlich ist, ihnen in die Augen zu schauen. Ich brauche mich nicht zu schämen.[5]

Ihrem Beispiel folgend und eingedenk dessen, dass sie mir das Leben geschenkt haben, haben meine Frau und ich beschlossen, ebenfalls ein Kind [in Pflege] zu nehmen und es nach den Prinzipien aufzuziehen, nach denen wir erzogen worden sind. Ich bin eben so geschaffen, dass ich, wenn es möglich ist, Gesetze nicht zu brechen, sie auch nicht breche. Alle Maßnahmen, die wir ergriffen haben, um [das Mädchen] in die Familie aufzunehmen und dafür zu sorgen, dass es gesund und aktiv aufwächst, sind durch die Gesetze der

---

5 Anmerkung der Redaktion von *Meduza*, die das letzte Wort veröffentlichte: Dmitrijews Eltern starben im Jahr 2000 innerhalb von fünf Tagen nacheinander.

Russischen Föderation geregelt – das Familiengesetzbuch und alle anderen Gesetze.

Ich denke – und die Verfassung der Russischen Föderation bestätigt mich darin – dass die Stärke des Staates nicht in Panzern und Kanonen liegt, nicht in Atomraketen und der Fähigkeit, die ganze Welt zum Teufel zu jagen. Nein, die Stärke des Staates liegt in seinen Menschen. So wie sich die Menschen in diesem Staat verhalten, wird er sich entwickeln, reicher und klüger werden. Also wollten wir, in Übereinstimmung mit dem Wunsch unserer Verfassung, das Mädchen so erziehen – nun, zunächst ein Mädchen, dann einen Teenager, dann eine junge Frau – dass es ein nützliches Mitglied unserer Gesellschaft wird.

Wir haben dem Kind nie irgendwelche Werte eingetrichtert. Wir haben nicht gesagt, dass man den Vater lieben soll, weil er der Vater ist. Wir haben nicht gesagt, dass man die Mutter lieben soll, weil sie die Mutter ist. Das muss ein Kind von sich aus tun, als Antwort auf unsere Liebe. Wir haben nicht gesagt, dass man den Staat lieben muss. Das tut der Mensch von sich aus, wenn er die Fürsorge dieses Staates spürt. Das ist der Grund, warum ich sie so spät getauft habe – oder besser gesagt, ihr gestattet habe, sich taufen zu lassen.

Das erste Mal, dass sie über die Möglichkeit sprach, ein Kreuz um den Hals zu tragen, war im Kindergarten, als sie eines der Kinder mit einem Kreuz sah: „Papa, ich will auch eins." Nun, Papa erklärte ihr, dass dies nicht einfach ein Schmuck ist. Ich erklärte ihr, dass sie, wenn sie erwachsen ist und an Gott glauben will, sich etwas nach eigenem Geschmack aussuchen wird, und dann, bitte sehr, kannst du getauft werden. Deshalb haben wir [unsere Tochter] so spät getauft, im Alter von neun Jahren. Mit acht Jahren hat sie den Wunsch geäußert, getauft zu werden, also habe ich sie ein Jahr lang in die Sonntagsschule geschickt, wo sie lernen konnte, was Glaube ist, wo ihr gebildete Menschen erklären konnten, was daraus folgt, und wo sie lernte, wie sie alles richtig macht, wenn sie getauft werden will. Nachdem die Sonntagsschule vorbei war, fragte ich sie erneut, ob sie sich taufen lassen wolle. Sie sagte: „Ja, ich will und ich weiß auch warum." Niemand hat sie gezwungen oder ermahnt oder mit Geschenken gelockt.

Und dann gewährte der Herr irgendwie, man kann es nicht anders sagen ..., [meiner Tochter] die Ehre, auf den Solowjezki-Inseln getauft zu werden. Dort gibt es ein sehr altes, heiliges Kloster. Es ist nicht nur uralt und heilig, sondern war in unserer jüngsten Geschichte auch ein Ort des Schreckens, das „Solowjezki-Lager zur besonderen Verwendung", das berüchtigte SLON.[6]

[Die Tochter] wurde in der Christi-Himmelfahrt-Kirche auf dem Sekirnaja-Hügel getauft. In den 200 Jahren, in denen diese Einsiedelei existiert, kann man an den Fingern einer Hand abzählen, wie viele Menschen [dort] getauft wurden. Es ist eine sehr strenge Einsiedelei, ein sehr heiliger und tragischer Ort. Und Frauen hatten früher überhaupt keinen Zutritt auf den Sekirnaja-Hügel. Jetzt dürfen sie kommen, aber keine einzige Frau wurde dort je getauft. [Meine Tochter] ist die erste und einzige. Und ich danke Gott, dass er [meiner Tochter] erlaubt hat, dort getauft zu werden.

---

6 SLON ist ein Akronym (*Solowjezkij Lager Osobogo Naznatschenija*), auf Deutsch Solowjezki-Lager zur besonderen Verwendung.

In der Sowjetzeit, in den 20er- und 30er-Jahren, war hier ein Strafgefängnis, hier wurden Hunderte von Menschen unter unglaublichen Bedingungen festgehalten, hier wurden die zum Tode Verurteilten vor ihrer Erschießung eingesperrt. Buchstäblich 30-40 Meter von dieser Kirche entfernt wurden sie erschossen, es war eines der ersten Massengräber auf Solowki, die ich entdeckt habe.

Und irgendwie hatten der Vorsteher dieser Einsiedelei und der Vorsteher des ganzen Klosters nichts dagegen, dass [meine Tochter] nach dem monastischen Ritus auf dem Sekirnaja-Hügel getauft wurde. Und als dieses Sakrament stattgefunden hatte, habe ich [meine Tochter] aufrichtig gewarnt: „Jetzt kommen große Prüfungen auf dich zu, denn wenn einem Menschen viel gegeben wurde, da er an einem solchen Ort getauft wurde, wird der Herr ihn auf seine Stärke prüfen."

Zu Hause hat sie manchmal gebetet, ohne dass ich dabei war (ich habe es im Vorbeigehen gesehen). Und nun, als ich ihre Großmutter in Ihrer Gegenwart, Euer Ehren, gefragt habe, ob [die Tochter] die Kirche besucht, und hörte, dass sie es nicht tut, verstand ich, warum ich keine gegenseitige Verbindung mit [der Tochter] spüre. Denn während der ersten sieben oder acht Monate wusste ich, fühlte ich in mir die gleichen Gefühle wie [meine Tochter]. So sind wir nun einmal veranlagt. Wir sind so aufeinander eingestellt. Wenn das Kind Angst hat – ich fühle es. Wenn das Kind friert, friere ich auch. Wenn dem Kind heiß ist, weiß ich das. Wenn das Kind beim Training einen erfolgreichen oder misslungenen Wurf macht, spüre ich das auch.

Derzeit gibt es bei uns den Trend ... das ist doch im Trend, oder? ... über Patriotismus zu sprechen. Doch ich bitte Sie – Patriotismus ist nicht auf das Sprechen beschränkt. Wer ist ein Patriot? Ein Patriot ist ein Mensch, der sein Heimatland liebt. Bei uns ist es merkwürdigerweise derzeit so, dass man nur auf die militärischen Erfolge stolz ist. Entschuldigung, die Heimat ist doch eine Mutter. Und es kommt vor, dass die Mutter krank ist, dass sie irgendetwas nicht schafft. Und hören wir in solchen Zeiten auf, sie zu lieben? Nein. Und ich weiß nicht, ob glücklicher- oder unglücklicherweise: Mein Weg hat mich dahin geführt, dass ich Menschen aus dem Vergessen zurückgeholt habe, die verschwunden waren. Menschen, die durch Schuld unseres eigenen Staates zu Unrecht angeklagt, erschossen und in Wäldern verscharrt wurden wie streunende Tiere. Kein Hügel, kein Hinweis, dass hier Menschen begraben sind. Vielleicht hat Gott mir dieses Kreuz auferlegt, doch Gott gab mir auch das Wissen. Und so gelingt es mir – nicht oft, aber manchmal – Orte zu finden, an denen es menschliche Massentragödien gab. Ich verknüpfe sie mit Namen und versuche, an diesem Ort einen Ort der Erinnerung zu schaffen, denn Erinnerung ist das, was den Menschen zum Menschen macht.

Zum „militärischen Patriotismus" kann ich Folgendes sagen: Mein Vater war an der Front, und zu Hause begingen wir den 9. Mai, lange bevor er zu einem freien Tag wurde. Ich weiß es noch, das war 1965, und wir haben schon vor 1965 [dessen gedacht].

Meine Mutter hatte sechs Schwestern. All deren Männer waren an der Front gewesen. Am wenigsten wurde am Tisch aber über die Siege gesprochen. Denn für sie war der Krieg

Tragödie und Schmerz. Und Flaggen gab es keine einzige. Der Sieg – das ist vor allem Trauer und Erinnerung an die Menschen, die umkamen.

Ich bin vollkommen einverstanden, wenn der Staat sagt, wir müssten der im Krieg Gefallenen gedenken, denn das ist ein Teil unserer Erinnerung. Doch es muss auch der Menschen gedacht werden, die aus Bosheit unserer Staatsführer umgekommen sind. Das ist für mich Patriotismus. Das habe ich auch [meiner Adoptivtochter] beigebracht, das wissen auch meine [leiblichen] Kinder Jegor und Katja, das wissen auch meine Enkel, das wissen die Schüler und Studenten, mit denen ich gearbeitet habe, das wissen wahrscheinlich alle zivilisierten Menschen.

Deswegen, Euer Ehren, glaube ich, dass dieser Fall, der nun schon sehr lange, dreieinhalb Jahre, untersucht und geprüft wird, speziell dafür eingeleitet wurde, um meinen ehrlichen Namen in Verruf zu bringen, und andererseits, um einen Schatten auf die Gräber und Friedhöfe der Opfer der Stalinschen Verfolgungen zu werfen, die ich aufgespürt habe, und zu denen die Menschen nun hinströmen.

Mit welchem Ziel wurde dieses Verfahren eingeleitet? Ich jedenfalls weiß es nicht. Um das Erinnern zu beenden? Das wird so nicht gelingen. Mir unmöglich zu machen, daran mitzuwirken? Ich habe schon seit drei Jahren nicht mehr daran mitgewirkt – und trotzdem erlischt es nicht.

Deswegen bitte ich Sie, Euer Ehren, wenn Sie sich zur Beratung zurückziehen, sehen Sie sich alles nochmals genau an, prüfen Sie. Die schlimmen Dinge, die hier in Stapeln von Akten beschrieben wurden, habe ich nicht getan. Ich habe versucht, ein Kind zu einer ehrenwerten Bürgerin zu erziehen und, ich scheue mich nicht das zu sagen, zu einer Patriotin unseres Landes. Ich habe alles dafür getan, um das zu verwirklichen. Möglicherweise sogar mehr, als Schule, Studiengruppen etc. tun.

Das ist dann wohl alles, was ich sagen möchte. Danke.

Die Erfahrung der eigenen Unbeugsamkeit

Julia Galjamina

18. Dezember 2020

Julia Galjamina (*1973) ist promovierte Philologin und Dozentin. Sie gründete die unabhängige Zeitung „Unser Norden". Die Oppositionspolitikerin war Stadtverordnete im Timirjasewski-Bezirk in Moskau. Am 3. Juni 2020 initiierte Julia Galjamina einen Offenen Brief gegen die Verfassungsänderung, die am 1. Juli zur Abstimmung stand.[1] Daraufhin wurde im Sommer 2020 ein Strafverfahren gegen sie eröffnet.

Das Twerski-Bezirksgericht Moskau verurteilte Julia Galjamina am 23. Dezember 2020 zu zwei Jahren Haft auf Bewährung gemäß Artikel 212-1 („Organisieren von Massenunruhen"). Durch Entscheidung des Moskauer Stadtgerichts trat das Urteil am 11. März 2021 in Kraft. Die Bewährungsstrafe ist am 23. Januar 2023 abgelaufen. Am 2. September 2022 wurde sie vom Justizministerium zur „ausländischen Agentin"* erklärt.[2]

Liebe Freunde! Ich möchte mein letztes Wort mit dem Wort „Danke" beginnen.

Danke allen, die mich unterstützt haben: meiner Familie und meinen Freunden, meiner Arbeitsgruppe und meinen Mitstreitern, den Kollegen, Pädagogen und Studenten, den Abgeordneten, Politikern und natürlich meinen Wählern aus

---

[1] Die Änderung sollte dem Präsidenten ermöglichen, ohne zeitliche Beschränkung immer wieder für das Amt zu kandidieren (was auch geschah). Den Brief hatten innerhalb eines Tages bereits 250 Abgeordnete kommunaler und regionaler Parlamente unterzeichnet.

[2] Während bislang zu „ausländischen Agenten"* erklärte Personen nicht mehr Wahlkampf machen durften, verschärfte die Staatsduma das Gesetz am 6. Mai 2024 dahingehend, dass sie nun gar nicht mehr zu Wahlen antreten dürfen.

den verschiedenen Winkeln unserer Heimat – Millionen Menschen, für die ich in dieser Gerichtsverhandlung spreche.

Die großartige Frau und Politikerin Indira Gandhi[3] sagte einmal: „Die Erfahrung hat mich gelehrt, dass dann, wenn Menschen etwas gegen dich machen, es dir im Endeffekt zugutekommt."

Deshalb möchte ich auch denen Danke sagen, die mich verfolgten: den Polizisten, dem Zentrum für Extremismusbekämpfung* und dem FSB*, den Untersuchungsrichtern und den Richtern, ihren Helfern, den Staatsanwälten, der Präsidialverwaltung und Wladimir Putin persönlich.

Sie haben mir nicht nur geholfen zu erkennen, wie viele Menschen aufgestanden sind, mich zu verteidigen, Sie haben mich nicht nur stärker gemacht, indem Sie mir – trotz allem – die Erfahrung der eigenen Unbeugsamkeit und der Fähigkeit zur Lebensfreude gewährten. Sie haben dem ganzen Land gezeigt, dass ich für Sie eine reale Bedrohung darstelle. Ich, eine Pädagogin, kommunale Abgeordnete, Politikerin, die für gewaltfreie Veränderungen eintritt, für einen ehrlichen politischen Kampf, für ein würdiges Leben der Menschen; ich, eine Frau, stelle eine Bedrohung für einen Mann dar, der – so scheint es jedenfalls – mit aller möglichen Macht ausgestattet ist. Aber dieser Mann ist alles in allem ein kleiner Mensch, der die weiche Kraft einer Frau fürchtet. Er fürchtet sie, weil er – wie es die gestrige Show zeigte – dem neuen Russland nichts zu bieten hat als billige Makkaroni und Gewalt.

---

3   Indira Ghandi (1917-1984) war zweimal Premierministerin Indiens (1966-77 und 1980-84). Ihr Vater Jawaharlal Nehru (1889-1964) war der erste Premierminister im unabhängigen Indien (1947-1964).

Ich aber, im Unterschied zu meinen Verfolgern, biete uns allen eine Zukunft an. Eine Zukunft, in der jeder Mensch in unserem Land, wo auch immer er wohnt, würdig leben kann, normales Geld verdienen, gutes Essen und Kleidung kaufen, reisen, seine Angehörigen pflegen und seine Kinder unterrichten lassen kann. Und in dem er selber sich frei und sicher fühlt. Für eben diese Zukunft, die Zukunft eines normalen Lebens, für ein normales Russland der Zukunft stimmten 16 Millionen russländische Staatsbürger, die unsere Kampagne gegen die Verfassungsänderungen unterstützten. Gegen Änderungen, die dazu geeignet sind, uns dieser Zukunft zu berauben. Wohlgemerkt für eben diese Kampagne gegen Verfassungsänderungen, das heißt, für unsere gemeinsame Zukunft, verurteilt man mich.

Um die Zukunft zu erreichen, von der wir alle träumen, wäre es notwendig, dass die Beamten nicht Entscheidungen für die Menschen treffen, sondern nur deren Willen erfüllen. Dass sie Wälder und Parks nicht abholzen, keine Mülldeponien errichten, keine Hochhausghettos bauen, keine Krankenhäuser zusammenlegen, Bildung nicht ausschließlich online vermitteln, keine digitalen Überwachungssysteme einrichten, den Regionen und kommunalen Selbstverwaltungen keine Kapazitäten nehmen, kleine und mittlere Unternehmen nicht zerstören, den Rentnern und kinderreichen Familien kein Geld entziehen.

Ein System, in dem Einzelpersonen über das Leben von Millionen entscheiden, ist nicht normal. Es ist so unnormal wie die Covid-Pandemie. Denn die Menschen haben das volle Recht zu entscheiden, wie sich ihr Leben gestaltet, ihre Welt, ihre Zukunft. Dafür aber wäre es notwendig, dass jeder

Mensch seine Vertreter in der Regierung hat. Menschen, die für die Verwaltung einer ländlichen Siedlung, einer Stadt, einer Region, des Landes aufgestellt werden. Es geht um die Interessen jedes Staatsbürgers in Russland, auch dessen, der in diesem Gerichtssaal sitzt, auch dessen, der nicht einmal weiß, was hier geschieht – die Interessen jedes gewöhnlichen Staatsbürgers, und nicht die Putins und seiner Entourage. Unsere Abgeordneten sollten die aktivsten von uns sein, von uns gewöhnlichen Menschen; Politiker, die wir im benachbarten Laden treffen können, nicht die seelenlosen Marionetten des Kreml in den Autos mit Blaulicht, in denen Tote sitzen. Es gibt Tausende von Frauen und Männern im ganzen Land, die Anführer von Veränderungen sein können, Anführer mit Beharrlichkeit, Anführer einer normalen Zukunft.

Der Richter Anatolij Beljakow unterbricht Galjamina brüsk: „Das ist hier keine politische Tribüne, und Sie treten nicht vor Wählern auf. Das hier ist ein Gerichtssaal." Sie fährt fort.

Ich blicke ohne Angst auf die heutige Gerichtsentscheidung. Es ist nicht wichtig, ob ich in Freiheit sein werde oder im Gefängnis, ob ich weiterhin Abgeordnete sein kann oder nicht, ich weiß genau, dass diese Bewegung nicht zu stoppen ist. Ich werde daran arbeiten, dass sie von jedem Bürger Russlands bemerkt wird, dass sie ein Echo findet in jeder Seele und jeden dazu inspiriert, einen Schritt zu tun, der Zukunft entgegen. Wir müssen uns daran erinnern, dass – ungeachtet aller Hindernisse und des Widerstands aus dem Kreml – das Jahr 2021 eine reale Chance birgt, die Situation zu überwinden. Wenn wir diese Chance vertun, wird die nächste erst wieder in drei Jahren kommen. Deshalb müssen wir alle gemeinsam unsere Kräfte bündeln und die Wahlen im kommenden Jahr zu den entscheidenden machen, und nicht nur die Wahlen zur Staatsduma, sondern auch die regionalen und kommunalen. Wir brauchen ein alle Bürger vereinendes Projekt der Beobachtung, eine maximale Unterstützung der Kandidaten und eine echte Massenmobilisierung zur Teilnahme an den Wahlen. Nur eine massenhafte Beteiligung kann diese Maschinerie der Fälschungen stoppen und dafür sorgen, dass die normalen Bürger auf allen Ebenen der Macht ihre Vertreter haben. Denn das ist unser Recht, unser Land, unser Leben und unsere Zukunft.

Wie Indira Gandhi sagte: „Es gibt keinen Weg zur Freiheit, weil die Freiheit der Weg ist." Also, liebe Landsleute, Nachbarn in Moskau und Russland, glauben wir an uns selber, straffen wir unsere Schultern, ziehen wir die besten Anzüge und Sonntagskleider an, und erinnern wir uns an die Freude der sanften Kraft und des Mutes, und machen wir uns auf den Weg.

Im Saal kommt Beifall auf. Der Richter erkundigt sich: „Sind Sie fertig?"

Ich möchte ergänzen, dass die drei Jahre, mit denen ich jetzt bezahlt habe – das sind gerade die drei Jahre, die uns von den Wahlen des Jahres 2024 trennen. Ich denke, dass diese drei Jahre für mich eine wundervolle Chance sind, die populärste Politikerin Russlands zu werden und mich dann an den Präsidentschaftswahlen Russlands zu beteiligen.

Ich habe meine Wahl getroffen

Maria Aljochina

10. September 2021

Maria Aljochina (*1988), politische Aktivistin und Performancekünstlerin aus Moskau, wurde am 21. Februar 2012 zusammen mit zwei weiteren Mitgliedern der Punkrockband *Pussy Riot* festgenommen, nachdem sie in der Christ-Erlöser-Kathedrale mit einem „Punkgebet" gegen Patriarch Kyrill I und Wladimir Putin aufgetreten war. Am 17. August 2012 wurde Maria Aljochina gemäß Artikel 213.2 („Rowdytum einer Gruppe von Personen nach vorheriger Absprache") zu zwei Jahren Lagerhaft verurteilt.[1] Am 23. Dezember 2013 wurde sie aus der Haft entlassen.

Nach der Verhaftung von Alexej Nawalny[2] bei seiner Rückkehr nach Russland am 17. Januar 2021 riefen Maria Aljochina und Ljudmila Stejn[3] für den 23. Januar 2021 zu friedlichen Protesten auf. Dies wurde nach den Artikeln 33.4 und 236.1 als „Anstiftung zum Verstoß gegen sanitäre und epidemologische Vorschriften" gewertet, die während der Covid-Quarantäne in Moskau in Kraft waren. Am 29. Januar 2021 wurde Maria Aljochina unter Hausarrest gestellt. Am 10. September 2021 verurteilte das Moskauer Preobraschenski-Gericht sie zu einem Jahr Freiheitsbeschränkung.[4] Ähnliche Anklagen wurden gegen zehn weitere Personen erhoben, von denen neun ebenfalls verurteilt wurden. Dieses Strafverfahren wird auch „Hygienefall" genannt.

---

1 Auch Nadeschda Tolokonnikowa (*1989) erhielt eine Haftstrafe von zwei Jahren. Die Haftstrafe gegen Jekaterina Samusewitsch (*1982) wurde vom Berufungsgericht in eine zweijährige Bewährungsstrafe umgewandelt.
2 Zu Alexej Nawalny siehe dessen letztes Wort in diesem Buch.
3 Ljudmila Stejn (*1996) ist ebenfalls Mitglied von *Pussy Riot*. Im April 2022 verließ sie Russland. Am 26. März 2024 wurde sie in Abwesenheit gemäß Artikel 207.3-2e („Verbreitung von Falschnachrichten über die russländische Armee, motiviert durch Hass") zu sechs Jahren Lagerhaft verurteilt.
4 Die Freiheitsbeschränkung bestand in einem nächtlichen Ausgehverbot.

> Am 21. April 2022 verschärfte das Moskauer Presnenski-Bezirksgericht das Urteil gegen Aljochina in Abwesenheit und ersetzte die Freiheitsbeschränkung durch eine Haftstrafe. Maria Aljochina schnitt die elektronische Fußfessel durch, die sie im Hausarrest tragen musste. Obwohl sie bereits auf die Fahndungsliste gesetzt worden war, gelang es ihr, die Grenze zu Belarus zu erreichen und das russische Staatsgebiet beim dritten Versuch zu verlassen.

Der „Hygienefall" ist der zweite Strafprozess meines Lebens. Seit dem ersten sind fast zehn Jahre vergangen. Die Kriminalisierung politischer Aktivität löst keinen Schock mehr aus, sondern ist Teil der Morgennachrichten. Damals gab es einen Skandal: drei Mädchen in einem Käfig für ein Lied gegen Putin; jetzt ist jeder Einwohner Russlands diesen drei Mädchen gleich.

Damals waren die Gerichtsverhandlungen öffentlich, jetzt werden wir hinter verschlossenen Türen verurteilt: Der Staat hat sich mit einer Mauer umgeben, um diese Show fortzusetzen, die bei einer öffentlichen Vorführung beschämend wäre. Warum ist es notwendig, geschlossene Gerichtsverhandlungen abzuhalten? Weil Repressionen allein nicht ausreichen. Es reicht nicht, Menschen ins Gefängnis zu stecken; sie sollen so eingesperrt werden, dass niemand darüber spricht. Die schrecklichsten Dinge sind die, die im Stillen geschehen. Mein erstes Urteil entsprach der Botschaft: „Wagt es nicht, die Staatsideologie anzutasten." Mein zweites Urteil bedeutet: „Wagt gar nicht erst darüber zu sprechen, was wir tun."

Die Unsicherheit derjenigen, die diese Vorwürfe erheben, beruht auf der Tatsache, dass sie diese nicht im Namen des Volkes erheben. Die Menschen sind nicht so dumm, wie es aus der Position der hohen Posten und Ränge scheinen könnte. Die Menschen verstehen, wer verfolgt wird und wer der Verfolger ist. Wer für Ideale eintritt und wer nur Vorgaben von oben erfüllt. Deshalb soll den Menschen einfach die Möglichkeit genommen werden zuzuschauen.

Mauern baut der, der Angst hat. Darüber zu sprechen verbietet derjenige, der doppelt Angst hat. Wir werden alle darauf trainiert, Angst zu haben. „Siehst du den Käfig? Wenn du dich schlecht benimmst, landest du darin." Aber ein Käfig aus Angst ist schlimmer als ein Käfig aus Glas und Eisen. Das weiß ich, weil ich in letzterem gewesen bin.

Ich habe keine Angst, ich weiß, dass ich unschuldig bin. Aber ich weiß nicht, was eine größere Freiheitsbeschränkung darstellt – eine elektronische Fußfessel oder ein Erlass Putins über die Ernennung zum Richter. Ihr werdet so viele politische Fälle bearbeiten, wie man Euch sagt, Ihr werdet Papiere schreiben, die Ihr als Entscheidungen bezeichnet, obwohl Ihr wisst, dass Ihr nichts entschieden habt. Alles nur um den Stuhl zu behalten, auf dem Ihr sitzt. Ihr habt gesagt, die Sklaverei sei vor über einem Jahrhundert abgeschafft worden, aber wer sind dann Sie? Sie folgen dem Lagermotto „Stirb du heute, damit ich erst morgen sterbe. Lieber tue ich jetzt etwas Ungerechtes, behalte aber meinen Job, soll jemand anderes leiden. Lieber ein anderer als ich." Sie sagen zu uns: „Nichts hängt von uns ab", obwohl von Ihnen genauso wie von uns alles abhängt.

In meinem ersten Prozess gab es Diskussionen darüber, ob politische Äußerungen eine Straftat darstellen oder nicht. Jetzt gibt es keine Diskussionen. Alle wissen, dass jeder ins Gefängnis kommen kann. Bloß weiß niemand, wie man das aufhalten kann. Dabei ist es ganz einfach: Man muss die Einstellung „Nichts hängt von mir ab" ablegen und Verantwortung übernehmen. Im Prinzip ist genau das Freiheit; selbstverständlich nur dann, wenn jemand sie hier überhaupt braucht.

Ob man im Lager bleibt und nach den Prinzipien des Lagers lebt oder ob man es verlässt, bleibt jedem selbst überlassen. Ich habe meine Wahl getroffen. Jetzt sind Sie an der Reihe.

Für seine Rechte muss man kämpfen

Wjatscheslaw Jegorow

8. Oktober 2021

> Wjatscheslaw Jegorow (*1977) ist ein Bürgerrechtsaktivist aus Kolomna bei Moskau und aktives Mitglied der Initiativgruppe „Keine Mülldeponie Kolomna", die 2018 entstand. Sie setzt sich gegen die Überlastung der Mülldeponie Wolowitschi im Stadtgebiet von Kolomna ein.
> Am 31. Januar 2019 wurden bei Jegorow und bei weiteren 14 Aktivisten aus Kolomna Hausdurchsuchungen durchgeführt. Jegorow wurde für 48 Stunden festgenommen und als Tatverdächtiger verhört; ein Ermittlungsverfahren wurde eingeleitet. Vom 2. Februar bis zum 30. Juli 2019 stand er unter Hausarrest, darüber hinaus wurden ihm weitere Freiheitsbeschränkungen auferlegt.
> Am 14. Oktober 2021 verurteilte das Stadtgericht Kolomna Wjatscheslaw Jegorow nach Artikel 212-1 („Organisieren von Massenunruhen") zu einem Jahr und drei Monaten Lagerhaft. Er wurde im Gerichtssaal in Gewahrsam genommen. Nach Verbüßung der Strafe kam er am 8. August 2022 frei.

Zum Gericht werde ich nicht viel sagen. Das hat meiner Meinung nach keinen Sinn. Sie wissen ohnehin alles. Sowohl der Staatsanwalt als auch die Richterin – Sie wissen genau, dass ich unschuldig bin. Dies alles ist eine Farce und eine Posse. Alle wissen das alles, doch erwecken Sie weiterhin den Anschein, dass es so nötig sei. Sie tun, als ob es so sein müsse, obwohl dieses Verfahren, wenn die Gesetze beachtet worden wären, zweifelsohne keine Aussicht gehabt hätte, vor ein Gericht zu kommen. Wenn man in dieser Stadt lebt und diese Luft atmet wie wir alle hier, darf man nicht wissen und verstehen, was in dieser Stadt vor sich geht.

Doch gleichzeitig weiß ich, wissen meine Anwälte und alle entsprechenden Leute auch, dass in Russland bei politischen Prozessen – und eine gesellschaftliche Aktivität selbst im Umweltschutz heißt bei uns jetzt politisch – nicht die Richter die Entscheidungen treffen. Wahrscheinlich erfüllen Sie *[Jegorow richtet sich an die Richterin Makarowa]* professionell Ihre Pflicht in anderen Strafprozessen, bei denen die Beteiligten tatsächlich Straftaten einschließlich Mord begangen haben, aber hier nicht. Hier spielen Sie eine Rolle. Wie auch der Staatsanwalt. Das ist meine Meinung, und ich kann dies aus Dutzenden Ordnungswidrigkeitsverfahren bestätigen, in denen die Richter mir nach den Verhandlungen sagten: „Nun, was können wir machen? Man hat es uns gesagt und wir machen es." Ich verstehe das.

Ja, aber ich spiele nicht. Denn es ist mein Leben, und ich würde gerne nicht einfach nur würdig, sondern auch glücklich leben, indem ich mich mit meiner geliebten Arbeit und mit meinen geliebten Kindern beschäftige und mit den wunderbaren Menschen ringsum Kontakt habe. So wie Sie anscheinend auch. In einem wunderschönen Land übrigens, in dem faire Wahlen stattfinden könnten und in dem die FSB*-Leute die Oppositionellen nicht im wahrsten Sinne des Wortes vergiften. Doch das passiert nicht. Denn dieses schändliche Verfahren dauert bereits fast drei Jahre (mit einem halben Jahr Hausarrest, Beschränkungen und Auflagen bis heute), und davor [lag] noch ein Jahr mit Ordnungswidrigkeitsverfahren, mit Arresten und Pflichtarbeitsstunden. All dies gibt mir nicht die Möglichkeit, ein normales Leben zu führen. Ich weiß, das ist nicht Ihre Schuld, aber leider sind Sie an alldem beteiligt und das ist Ihre Wahl.

Aber jetzt spreche ich für diejenigen, die die ganze Zeit über mit mir zusammen waren, die gemeinsam mit mir Seite an Seite gegen die Müllkippe in Wolowitschi kämpften, die für faire Wahlen kämpfen, für das zukünftige Russland, für Menschenrechte und für ein Leben mit diesen Rechten im zukünftigen Russland. Für diejenigen, denen die Zukunft wichtig ist. Und das ist auch eine Wahl.

Alles, was jetzt geschieht, gab es schon einmal in der Geschichte und das nicht nur einmal. Vor etwas mehr als eineinhalb Jahrhunderten schrieb Belinski an Herzen, dass die Erfolge von Halunken immer völlig nachvollziehbar sind: „... Sie gehen mit ehrlichen Menschen wie mit Halunken um, aber dafür gehen die ehrlichen Menschen mit den Halunken um, als ob sie hundertfach ehrlicher wären als sie, die ehrlichen Menschen."[1] Wie damals ist es auch jetzt aktuell, nicht wahr?

Solange es den Widerstand in Wolowitschi gab, haben wir immer offen agiert und keine Gesetze verletzt. Im Gegenteil: Wir haben uns Gesetzesverstößen in den Weg gestellt und haben das Recht auf Leben und auf saubere Luft gefordert, aber als Antwort hat man uns zur Polizei fortgeschafft, Strafen erteilt, hat uns 24-Stunden-Arreste gegeben und schließlich gegen mich ein Strafverfahren konstruiert. Es ergibt keinen Sinn, seinen Wesensgehalt zu erzählen: Wer diese Geschichte verfolgt hat, der weiß ganz genau, wie es fabriziert worden ist und durch wen.

---

1 Wissarion Belinski (1811-1848), russischer Publizist, Literaturkritiker und Philosoph; Alexander Herzen (1812-1870), russischer Schriftsteller und Publizist. Jegorow zitiert hier Belinskis Brief an Herzen vom 6. Februar 1846.

Mein letztes Wort ist nicht das letzte. Es ist vielleicht das erste. Denn ich sagte, sage und werde genau das sagen, was ich denke und was ich für wichtig halte. Aber dies ist jetzt in Russland ein Verbrechen. Als Beweis dafür dient nicht dieses Gericht allein, aber es dient dazu zusammen mit anderem.

Es klingt pathetisch, aber ich bin ein ehrlicher Mensch und ich sage immer die Wahrheit. Ich sage auch jetzt: Ich bin unschuldig. Denn es kann nicht derjenige schuldig sein, der seine Rechte verteidigt, die seiner Kinder, die Rechte von Ihnen, von Ihren Kindern, die Rechte auf saubere Luft und die Möglichkeit zu leben und gesund zu bleiben. Mit legalen Methoden, die uns durch die Verfassung gegeben sind.

Und ja, ich bin nicht so wie Jurij Detotschkin,[2] um zu sagen: „Verzeihung, ich mache es nicht wieder" – nein. Übrigens, wenn man sich vorstellt, dass sich Jurij Detotschkin an meiner Stelle befände, dann müsste er augenscheinlich, um Gerechtigkeit zu erreichen, in dunklen Nächten auf der Müllkippe in Wolowitschi Müll einsammeln und ihn zu den Gemüsegärten der Beamten und der Vertreter der Sicherheitsorgane fahren, die diesen ganzen Horror organisiert haben. Doch zum Glück bin ich nicht er. Deshalb haben wir gemeinsam mit der ganzen Stadt völlig offen mit – ich wiederhole das – absolut legalen Methoden (Zeugen haben dies wiederholt gesagt) versucht, uns alle von der chemischen Bombe zu befreien, die unter unseren Augen durch die Macht der städtischen, regionalen und föderalen Beamten herangewachsen ist.

---

2   Jurij Detoschkin ist der Held der sowjetischen Krimikomödie „Vorsicht, Autodieb!" von Elgar Rjasanow aus dem Jahr 1966. Der Film war und ist sehr populär.

Ich bedauere sehr, dass wir in eine solche gespenstische Lage herabgesunken sind, in der im ganzen Land Sicherheitskräfte und Beamte mit verbrecherischen Zielen (Korruption und Machterhalt sind Verbrechen) mit beliebigen Mitteln versuchen, ehrliche Menschen mundtot zu machen, die Gerechtigkeit suchen und ihre Rechte in verschiedenen Lebensbereichen verteidigen, sei es in der Ökologie, der Medizin, bei Wahlen oder der kommunalen Versorgung. Man kerkert uns ein, drängt uns ins Ausland, verbrennt unsere Autos und Häuser, verprügelt oder tötet uns. Dies alles geschieht mit stillschweigender Zustimmung oder unter unmittelbarer Kontrolle und Beteiligung der jeweiligen Machthaber.

Wie auch im Fall unserer Müllkippe in Wolowitschi waren beim Organisieren der illegalen Arbeiten dort mit der zehnfachen Überschreitung der Auslastungsgrenze sowohl Bürgermeister Lebedew und Gouverneur Worobjow zusammen mit dem Umweltminister des Moskauer Gebiets Kogan (jetzt ist er Abgeordneter der Staatsduma) als auch die Leitung unserer FSB*-Verwaltung in Person von Filatow und die Polizeiführung von Kolomna in Person von Zwerew beteiligt. Und sie haben auch meinen Strafprozess organisiert und fabriziert. Und alle, hoffe ich, verstehen weshalb: Dort hat sich vieles davon zusammengebraut – doch hauptsächlich geht es um Geld. Ich bin davon überzeugt: Sie verdienen auf Kosten unserer Gesundheit, indem sie Hunderttausende Tonnen Müll zu uns bringen, aber ich und die ganze protestierende Stadt haben sie gestört. Nichts Persönliches, nur das Geschäft. Plus Karriere und weiteres, aber die Hauptsache ist Geld. Sagen Sie mir, wie kann man bei dem, was hier geschieht, nicht an Belinskis Brief denken?

Für seine Rechte muss man kämpfen. Anders kann es auch nicht sein. Wir haben für saubere Luft gekämpft und haben ein Problem gelöst, aber es entstand ein anderes – die gigantische Müllkippe in Mjatschkow, die sie stolz den Recyclingkomplex „Süd" nennen. Was dort recycelt wird ist eine große Frage, doch der Gestank breitet sich bereits nicht nur über den nächstgelegenen Dörfern aus, er reicht bis Tscherisow und Peskow. Zweifeln Sie nicht, der Gestank kommt mit der Zeit nach Raduschny und bis zur Altstadt, die Windrose zeigt genau in diese Richtung. So fing es auch mit Wolowitschi an und Sie erinnern sich, wie schwer das Atmen war. So wird es auch dort sein, wenn man nicht kämpft, wenn man keinen Widerstand mit allen legalen Methoden organisiert und nicht alle und alles konsolidiert. Das betrifft auch die Müllverbrennungsanlage in Swistjagino. Denn wenn sie wirklich eröffnet und in Betrieb genommen wird, dann werden wir uns alle in der Gefahr einer Vergiftung mit Dioxinen befinden, die Krebs, Mutationen und Tod bringt. Darf man dies wirklich zulassen? Wenn Sie dort leben wollen, darf man das nicht.

Noch einmal etwas zum Gericht. Noch einmal wortwörtlich eines: Wenn Sie bereit sind, die Verantwortung zu übernehmen und einem Schuldspruch zuzustimmen, dann machen Sie es bitte ordentlich: Es lohnt nicht, die tatsächliche Haft durch eine Bewährungsstrafe zu ersetzen; es lohnt nicht, mich zu Arbeitsstunden zu verpflichten – nein. Wägen Sie die Argumente und verhängen Sie die tatsächliche Freiheitsstrafe, wenn ich mich Ihrer Meinung nach als schuldig erweise. Ich verstehe, das ist eine komplizierte Entscheidung, aber dafür wird sie ordentlich und ein gebührender Abschluss der Farce sein.

Und zu guter Letzt: Journalisten haben mich häufig gefragt: „Wenn es möglich wäre, würdest du dann in der Zeit zurückreisen und genau das tun, was du damals 2018 gemacht hast?" Ich habe ihnen geantwortet: „Ja. Denn wenn Krieg ist, soll ein Mann seine Angehörigen verteidigen. Und ich kann sie verteidigen. Ich würde es erneut machen." Möglicherweise wäre [eine andere Antwort] schlauer gewesen und hätte die Möglichkeiten verringert, gegen mich einen Strafprozess zu eröffnen, vor dem mich nicht nur träge Leute gewarnt haben, doch [tatsächlich] hätte ich genau das gemacht, was ich getan habe. Denn so bin ich erzogen: Man darf an fremdem Unglück nicht vorbeigehen. Und wenn es das eigene ist, dann erst recht nicht.

Freiheit für alle politischen Gefangenen!

Ich habe nichts Illegales getan

Sarifa Sautijewa

23. November 2021

Sarifa Sautijewa[1] (*1978) ist eine Historikerin aus Sunschi/Inguschetien. Sie war Lehrerin und stellvertretende Direktorin der staatlichen Gedenkstätte für Repressionsopfer in Inguschetien und ist Mitglied des *Inguschischen Komitees für Nationale Einheit*.

Am 26. März 2019 beteiligte sie sich in Magas, der Hauptstadt Inguschetiens, an einer Demonstration gegen die Verschiebung der Grenze des Landes.[2] Die Demonstration war von den Behörden genehmigt worden, allerdings weigerten sich die Teilnehmer, die Versammlung zu verlassen und blieben über Nacht auf dem Platz. Als es am nächsten Morgen zu Zusammenstößen mit der Nationalgarde kam, filmte Sarifa Sautijewa die Ereignisse.

Noch im März 2019 wurden Ermittlungsverfahren gegen mehr als 40 Einwohner Inguschetiens eingeleitet unter dem Vorwurf, Gewalt gegen Sicherheitsbeamte angewandt zu haben.[3] Acht der Beschuldigten, darunter auch Sarifa Sautijewa, wurden angeklagt, zu Gewalt aufgerufen zu haben. Videoaufnahmen und Zeugenaussagen belegen jedoch, dass sie andere Demonstrationsteilnehmer aufgefordert hatten, die Demonstration zu verlassen und Zusammenstöße zu vermeiden.

---

1 sprich Sa-utijewa.
2 Der Abschluss der Vereinbarung über die Übereignung von 26.000 Hektar des Territoriums Inguschetiens (der kleinsten und bevölkerungsreichsten Republik in der Russischen Föderation) an Tschetschenien war vor der Bevölkerung beider Republiken geheim gehalten worden. 2018/19 gab es in Inguschetien massenhafte Proteste gegen die Grenzverschiebung.
3 41 Personen wurden wegen Gewalt gegen Vollzugsbeamte verurteilt. Ein Aktivist wurde wegen „Anstiftung zur Gewalt gegen Vollstreckungsbeamte in einer nicht bedrohlichen Weise" verurteilt. Acht Personen, darunter auch Sarifa Sautijewa, wurden beschuldigt, diese Gewalt organisiert und eine extremistische Vereinigung gebildet zu haben. Gegen drei Personen wurde die Anklage fallen gelassen. Es handelte sich um einen der größten Prozesse im gegenwärtigen Russland.

> Sarifa Sautijewa befand sich vom 12. Juli 2019 bis zum 10. März 2021 in Untersuchungshaft, wurde für wenige Tage in Hausarrest überführt und am 16. März 2021 erneut inhaftiert. Am 15. Dezember 2021 sprach das Stadtgericht Kislowodsk sieben Personen schuldig gemäß den Artikeln 33-3 und 318-2 („Organisieren von Gewalttätigkeiten gegen Behördenvertreter") und Artikel 282.1-2 („Beteiligung an einer extremistischen Vereinigung"). Sarifa Sautijewa wurde zu siebeneinhalb Jahren Lagerhaft verurteilt.
> Am 12. Oktober 2022 heirateten Sarifa Sautijewa und Ismail Nalgijew, der im selben Verfahren zu acht Jahren Lagerhaft verurteilt wurde, in der Haftanstalt, in der sie ihre Strafen verbüßen. Im Juni 2023 wurde bekannt, dass sich der Gesundheitszustand von Sarifa Sautijewa verschlechtert hat.

Sehr geehrtes Gericht, sehr geehrte Teilnehmer der Verhandlung! Höchstwahrscheinlich werde ich mich nicht zur Sache äußern. Da selbst die Staatsanwaltschaft nichts zur Sache sagen konnte, werde ich es wohl erst gar nicht versuchen.

Heute wurde das, was hier geschieht, häufig mit den Repressionen der Sowjetzeit, der stalinistischen Zeit, verglichen. Auch ich als Historikerin, die sich beruflich mit diesem Thema befasst hat, kann einige Parallelen erkennen. Ich möchte genau darüber sprechen: absolute Respektlosigkeit gegenüber der Justiz. Ich meine, dass viele Menschen diesen Fall als absurd bezeichnet haben. Viele bezeichneten ihn als aus der Luft gegriffen. Sie haben nicht verstanden, wie so etwas passieren kann. Wie solche Beweise vor Gericht vorgelegt werden können. Aber für mich ist es ganz offensichtlich, woher diese Schablonen kommen. An dem Abend, an dem ich festgenommen wurde (es war im Juli 2019) – ich wurde von Einsatzkräften des Zentrums für Extremismusbekämpfung* festgenommen – brachten sie mich nach Naltschik in ein Gebäude des Zentrums. Und mit allen Mitteln versuchten sie, mich zum Reden zu bringen, damit ich ohne Anwalt spreche; sie boten mir an, einfach „von Herz zu Herz" zu reden.

Sie spielten böse und gute Polizisten. Die bösen Polizisten fragten mich, ob ich Timur Chamchojew[4] kenne. Ja, ich habe von Timur Chamchojew gehört, der zu diesem Zeitpunkt zusammen mit seinen Komplizen bereits verhaftet und wegen Folter, Mord und Erpressung verurteilt worden war. Es handelt sich um einen der ehemaligen Leiter des Zentrums für Extremismusbekämpfung der Republik Inguschetien. Ich sagte: „Ja, natürlich habe ich von Chamchojew gehört ..." Ich fragte, ob das bedeute, dass sie mir mit Folter drohten. Dass sie damit andeuteten, sie seien *Timurowzy*.[5] Darauf antworteten sie natürlich: „Nein, nein, du hast uns missverstanden", und so weiter. Es gab „freundliche" Zentrumsmitarbeiter, Vertreter kaukasischer Nationalitäten, die sagten: „Du bist doch unsere Schwester, eine Muslima, wir wollen dich nicht in die Hände dieser russischen Ermittler geben." Ich habe jedoch nicht wirklich verstanden, warum sie sich für etwas Besseres hielten als jene „russischen Ermittler".

Der rote Faden in allen ihren Reden war die Verachtung des Gerichts. Sie sagten: „Erwarte nichts vom Gericht, niemand wird dich nach Hause gehen lassen. Niemand wird dich freisprechen. Wir haben die Richter am Haken. Sie

---

4 Timur Chamchojew leitete das Zentrum für Extremismusbekämpfung in Inguschetien. Nach der Erpressung eines Aserbaidschaners durch das Zentrum wurde ein Ermittlungsverfahren gegen Timur Chamchojew eingeleitet – der Erpresste hatte gute Beziehungen zum FSB*. Im Laufe der Ermittlungen wurden zahlreiche Fälle von Folter und Mord aufgedeckt, die Chamchojew zu verantworten hatte. Am 27. Juli 2018 verurteilte das Militärgericht der Garnison Naltschik Timur Chamchojew zu sieben Jahren Lagerhaft. Zusammen mit ihm wurden sechs seiner Untergebenen verurteilt. Es war das erste Mal, dass Angehörige des Zentrums für Extremismusbekämpfung* im Kaukasus der Folter und des Mordes für schuldig befunden wurden.
5 Anhänger oder Nachfolger von Timur (Chamchojew)

werden immer tun, was man ihnen sagt." Ich habe es nicht geglaubt. Damals habe ich es nicht geglaubt. Es kam mir absurd vor. Weshalb wurde ich festgenommen? Ich war mir damals sicher und bin mir auch heute sicher, dass ich nichts Illegales getan hatte. Und sie empfahlen mir, mich an die Ereignisse jener Tage so zu erinnern, wie es den Ermittlern passte. Ich fragte, ob sie vorschlügen, dass ich mich selbst belasten sollte. Sie antworteten: „Nein, nein, auf keinen Fall." „Wollt Ihr dann, dass ich andere anschwärze?" „Nun, wir würden es nicht als Anschwärzen bezeichnen, du musst dich einfach auf die richtige Weise erinnern." Wie sehr ich mein Gedächtnis auch anstrengte, mich so zu erinnern, wie es erwartet wurde, es gelang mir nicht. Die Versuche dauerten bis zwölf Uhr nachts. Der nächste Tag brach bereits an, aber offenbar hätte die Verhaftung am verstrichenen Tag registriert werden müssen. Schließlich holten sie einen Pflichtverteidiger und ich wurde offiziell verhaftet, obwohl ich sofort um sechs Uhr, als ich an dem Kontrollpunkt festgenommen worden war, gesagt hatte, dass ich darum bitte, meinen Anwalt zu rufen und ihnen seine Daten gegeben hatte.

Auf diese Weise wurde psychologischer Druck ausgeübt. Mir wurde gesagt: „Eure Männer arbeiten bereits mit uns zusammen, warum spielst du hier die Heldin? Keiner braucht das mehr, alle machen schon die notwendigen Aussagen." Ich habe nicht verstanden, wer damals welche Aussagen gemacht hat. Im Laufe der Ermittlungen sind sie nirgendwo aufgetaucht. Und drei Tage später hatte ich, wenn ich mich nicht irre, die erste Gerichtsverhandlung, bei der über eine Präventivmaßnahme gegen mich entschieden wurde. Fatima [*unverständlich*], die hier anwesend ist, kann bestätigen, dass ich damals nicht verstanden habe, dass dies etwas ungewöhnlich für einen solchen Prozess war. Denn später kamen die Richter nach fünf Minuten aus dem Beratungsraum und sagten: „Das war's, der Arrest wird verlängert, auf Wiedersehen." Aber die Richterin Surowzewa (an ihren Nachnamen erinnere ich mich bis heute, die Namen der anderen weiß ich nicht mehr) saß drei Stunden im Beratungsraum. Ich möchte immer noch glauben, dass sie dort, im Beratungsraum, mit ihrem Gewissen rang oder mit den Menschen, die sagten, dass ich unbedingt in Haft verbleiben solle und nicht freigelassen werden dürfe. Aber nichtsdestoweniger kam auch sie drei Stunden später heraus und sagte, dass aufgrund jener unglücklichen Begutachtung, die von einer Sachverständigen durchgeführt worden war (einer Untersachverständigen der Industrie- und Handelskammer der Tschetschenischen Republik, die entschied, dass ich jemanden zu etwas angestiftet hätte), dass allein auf Grundlage dieses Dokuments anerkannt wurde, dass ich eine Art Verbrechen begangen hätte und dass ich unbedingt verhaftet werden solle, dass ich sozial gefährlich sei. Aber danach wurde die Haft immer wieder verlängert. Und die Absurdität der Verlängerungen sowie die Tatsache, dass immer wieder dieses eine Dokument die Grundlage war und nichts hinzugefügt, nichts geändert wurde, das alles ist es nicht wert, darüber zu sprechen.

Auf diese Weise sitze ich schon seit zweieinhalb Jahren im Gefängnis. Und in diesem Gefängnis sehe ich auch ständig, wie das Gesetz gebrochen wird. Ständig werden Gesetze gebrochen. Und ich möchte jetzt doch über die Bedingungen sprechen, unter denen wir existierten. Obwohl man sich nicht gerne beschwert und so weiter. Aber ich habe meinen Zellengenossinnen versprochen, dass ich es wenigstens hier sagen werde. Zumal hier auch Vertreter der Staatsanwaltschaft und des Ombudsmanns für Menschenrechte für die Region Stawropol anwesend sind, wenn ich mich nicht täusche.

Als wir zum ersten Mal nach Pjatigorsk kamen, wurde ich in eine Zelle gebracht, die etwa 28 Quadratmeter groß war. Darin befanden sich zwölf Menschen. In Russland gibt es eine Rechtsnorm, die besagt, dass in einer Untersuchungshaftanstalt vier Quadratmeter pro Person zur Verfügung stehen müssen. Sie können sich ausrechnen, was dabei herauskommt, wenn Sie 28 durch zwölf teilen. Es gab weder heißes Wasser noch einen Kühlschrank, was wiederum nach russländischem Recht in diesen Haftanstalten vorgeschrieben ist. Erst als wir anfingen, uns darüber zu beschweren, gab es warmes Wasser. Ich verbrachte acht Monate in dieser Zelle und wurde dann in eine andere Zelle verlegt, in der sich eine Frau mit einem Kind befand. Das Kind war zu diesem Zeitpunkt fast elf Monate alt. Es wurde in der Tat im Gefängnis geboren, in der Untersuchungshaftanstalt. Es hatte sein ganzes Leben in dieser Zelle verbracht. Für solche Zellen sind bessere Bedingungen vorgesehen: Es müssen eine Waschmaschine, ein Bügeleisen, ein Trockner und ein Teppich vorhanden sein. Ein anständiges Kinderbett, damit das Kind unter anständigen Bedingungen aufwachsen kann. Das sind alles Gesetze der Russischen Föderation. Aber das Einzige, was es in dieser Zelle gab, als ich dorthin kam, waren Horden von Kakerlaken, die buchstäblich über das Baby krabbelten. Ich fragte: „Wurdest du vom Ombudsmann für Kinderrechte besucht? Vom Ombudsmann für Menschenrechte?" Ich spreche erst gar nicht von der Staatsanwaltschaft, die alle vierzehn Tage da ist, vom aufsichtsführenden Staatsanwalt. Sie kamen und sahen nichts von alledem. Und die Ombudsmänner haben sie nicht besucht. Und nachdem ich in diese Zelle verlegt worden war, besuchte mich (mich, nicht diese Frau mit Kind) der Ombudsmann für Menschenrechte der Region Stawropol – sein Nachname war Lisinski, wenn ich mich nicht irre. Und das erst auf Anfrage von Moskalkowa.[6] Ich hatte keine Bitten für mich persönlich, aber ich sagte, dass unter solchen Bedingungen ein Kind aufwächst. Es muss krabbeln, aber es gibt nicht einmal einen Teppich, auf den man es legen kann, um ihm das Krabbeln beizubringen. Und mit zehn Monaten sollte es schon laufen lernen, nicht erst krabbeln. Und ich habe das alles erzählt. Die Person, die neben mir saß, machte sich Notizen und sagte: „Ja, ja, wir machen das alles." Sie haben es schnell aufgeschrieben und so weiter. Ich dachte, nun ja, nach drei Tagen bringen sie alles und stellen es auf. Nach drei Tagen durften wir gnädigerweise die Zelle selbst ausstatten. Die Verwaltung des Untersuchungsgefängnisses wollte alles akzeptieren, was wir kauften und dort hinstellten. Aber auch das war für mich in Ordnung, vor allem um des Allmächtigen willen, um des Kindes willen. Diejenigen, die auf freiem Fuß waren, haben geholfen. Ich möchte diese Gelegenheit nutzen, um allen zu danken, die daran beteiligt waren. Wir haben alles gekauft, hingebracht und diese Zelle eingerichtet: einen Teppich, eine Waschmaschine, ein Bügeleisen und alles, was gebraucht wurde. Und zumindest in den verbleibenden zwei Monaten, die das Mädchen dort

---

6 Tatjana Moskalkowa (*1955) ist Ombudsfrau für Menschenrechte der Russischen Föderation.

verbrachte, lernte es gehen. Ihr weiteres Schicksal ist ebenfalls traurig. Ich weiß nicht warum, aber die Richterin entschied, das Kind unter Vormundschaft zu stellen, obwohl es bis zum Alter von drei Jahren dort bleiben dürfte ... Jetzt ist dieses Kind in einem Waisenhaus, was ich auch nicht verstehen kann, die ganze Grausamkeit dieses Systems ...

Kürzlich wurde ich wieder in die neue und zugleich altbekannte Zelle verlegt, in der wir wieder zwölf Personen sind. Die Zelle selbst ist ein bisschen größer. Dort fließt eiskaltes Wasser. Es gibt kein heißes Wasser. Nur eiskaltes Wasser. Wieder die gleichen Ratten, Kakerlaken. Das ist schon unser Alltag. Die Verwaltung der Untersuchungshaftanstalt reagiert auf eine sehr interessante Weise auf Beschwerden. Die Mädchen erzählten mir, dass sie nach ihrer Beschwerde darüber, dass es kein warmes Wasser gab, durchsucht worden waren. Gefilzt, wie das Volk so sagt. Und man nahm ihnen den einzigen Wasserkocher weg, einen etwas leistungsstärkeren, mit dem sie Wasser zum Waschen, Putzen, Geschirrspülen, für sich selbst, für hygienische Maßnahmen und so weiter erhitzten. Ihnen wurde gesagt, dass ein Wasserkocher mit einer solchen Leistung nicht zulässig sei. Das heißt, all ihre eigenen Verstöße gegen das Gesetz sieht die Verwaltung nicht, sie schaut weg. Aber der Wasserkocher, mit dem die armen Frauen Wasser erhitzten und Wäsche wuschen, ist, wie sich herausgestellt hat, nicht erlaubt. Er wurde ihnen weggenommen. „Beschwert Euch nicht, sonst wird es noch schlimmer für Euch." Jeder versteht das sehr gut. Wenn ich frage, warum hast du dich die ganze Zeit nicht beschwert (ich weiß, dass sie die ganze Zeit ohne heißes Wasser dagesessen haben), sagen sie: „Na ja, du weißt doch, dass es nur noch schlimmer werden wird. Sie werden kommen und uns alles wegnehmen, was wir noch haben." Und das ist wahr. Genauso ist es. Und es ist sinnlos, sich bei der aufsichtsführenden Staatsanwaltschaft zu beschweren und so weiter. Die kommen damit durch. Es gibt keine Ausstattung: keine Kühlschränke in den Frauenzellen, nichts. Ich habe Angst, mir überhaupt vorzustellen, was bei den Männern los ist. Sie beschweren sich nie und sagen nichts. Aber ich weiß, dass sie sich die ganze Zeit mit diesem eiskalten Wasser waschen, [dass] nichts von ihrer Gesundheit übrigbleiben soll. So werden von den Vertretern des Staates, des Föderalen Strafvollzugsdienstes und der Staatsanwaltschaft, die sich mit der Situation befassen sollen, die Gesetze eingehalten. Wenn also irgendjemand hier die Möglichkeit hat, seine Aufmerksamkeit darauf zu richten, dann bitte ich Sie, das zu tun.

Und eine weitere Tatsache ist für mich mehr als merkwürdig: In dem einen Jahr, in dem ich dort bin, habe ich keinen einzigen Vertreter der öffentlichen Aufsichtskommission gesehen. Nun gut, Regierungsbeamte, die sind daran gewöhnt. Aber es gibt doch Unabhängige, die sich mit diesen Fragen befassen sollten. Ich persönlich habe sie nie gesehen. Und ich glaube, meine Kameradinnen auch nicht. Und ich verstehe das nicht: Warum, was machen diese Leute? In der Region Stawropol gibt es nur zwei Untersuchungshaftanstalten – in Pjatigorsk und Stawropol. Wenn sie sie nicht einmal im Jahr, einmal im Monat besuchen können, nicht herausfinden können, welche Probleme es dort gibt, was es dort gibt und was nicht, was fehlt – wozu brauchen wir dann eine solche öffentliche Aufsichtskommission? Man kann sie ruhig auflösen und den Mitgliedern für ihren Fleiß danken.

Aber dem Allmächtigen sei Ehre, es gibt einen Unterschied zu jenen Zeiten der Repressionen,[7] die wir mit den heutigen vergleichen. Heute möchte ich allen danken: unseren Freunden, unseren Verwandten und Nächsten, die sich nicht von uns losgesagt haben. Sie haben uns nicht aufgegeben, haben uns ihre Unterstützung nicht entzogen, trotz allem. Ich möchte dem ganzen Volk der Inguschen danken, das uns im Laufe all dieser Jahre auf jede erdenkliche Weise geholfen hat. Manche mit Taten, manche mit Worten, mit Gebeten für uns. Ich möchte all den Menschen danken, die uns aus ganz Russland Briefe mit Worten der Unterstützung geschickt haben. Ich möchte mich bei ihnen entschuldigen und dafür diese Gelegenheit nutzen. Ich war nicht die beste Korrespondentin, weil ich nicht alle Briefe beantwortet habe. Bei denjenigen, die keine Antwort bekommen haben, möchte ich mich entschuldigen. Ich möchte der NGO *Neotloschka*,[8] einer wahrhaft aus dem Volk stammenden Idee, dafür danken, dass sie alles, was unter den Umständen möglich war, für uns getan hat. Ich werde heute keine Namen nennen, nicht, weil ich keine nennen könnte, sondern einfach deshalb, weil ich mir Sorgen um ihre Sicherheit mache. Schon morgen können Menschen, die uns unterstützen, nach irgendeinem Artikel beschuldigt werden. Ich werde keine einzelnen Namen nennen.

Ich will meiner Familie danken, die all die Jahre hindurch geduldig war. Sie hat mich und uns mit allen ihr zur Verfügung stehenden Mitteln unterstützt. Ich will den Medien danken, die über den Prozess berichtet haben.

---

7 Gemeint sind die Repressionen der Stalinzeit (1922-1953).
8 *Neotloschka* heißt auf Deutsch „Notfall".

Insbesondere Dascha und Aljona, die die ganze Zeit über für uns da waren, trotz des Drucks, der auf sie ausgeübt wird. Ihre Organisationen wurden als „ausländische Agenten"* beschimpft und wie sonst auch immer, und das alles müssen sie ertragen. Und trotzdem sind sie für uns da. Sie haben keine Angst davor, die Wahrheit zu sagen.

Ich möchte unseren Anwälten und öffentlichen Verteidigern danken. Dieses ganze internationale Team, in dem es verschiedene Menschen gibt: Tschetschenen, Karatschajer, Kabardiner, Inguschen, Russen. Dieses Team zeigt uns heute, dass es keine interethnischen Probleme gibt. All die Jahre habt Ihr am Limit der Kräfte für uns gekämpft. Habt Eure Hände nicht sinken lassen, trotz aller Enttäuschungen dieser Jahre ... Jedes Mal, wenn Ihr gehofft habt, dass das Strafmaß geändert oder etwas passieren würde, dass eine Eingabe von den Ermittlern berücksichtigt würde ... auf alles habt Ihr Absagen bekommen. Ich verstehe, was für einen professionellen Burnout dies verursachen kann. Und dennoch habt Ihr die Hände nicht sinken lassen und uns die ganze Zeit über optimistisch gestimmt. Ich danke Euch dafür.

Und zum Schluss möchte ich mich bei meinen Kameraden bedanken, die heute bei mir sind; Gefährten im Unglück. Vielleicht aber auch im Glück – wer weiß, wie sich das in Zukunft drehen wird. Sie sind zu Vätern und Brüdern für mich geworden. Ihre Anwesenheit gab mir die Kraft, die Prüfung, die uns alle nach dem Willen des Allerhöchsten ereilt hat, würdig durchzustehen. Dank ihnen fühlte ich mich freier. Und ich möchte nicht nur diejenigen erwähnen, die heute mit mir in diesem Käfig sind, sondern all die Kameraden, die mit mir in diesem Fall angeklagt sind. Sie alle haben mich unterstützt, als wären sie einer.

Obwohl ich mich mit dem Thema Repressionen beschäftigt habe, war mir nie in den Sinn gekommen, dass ich bis in eine Zeit leben würde, in der ich selbst politische Gefangene werde, dass dies mich einholt. Aber es ist so gekommen. Ich lag falsch. Und deshalb dürfen wir auf keinen Fall die Hände sinken lassen. Alles fließt, alles verändert sich. Und auch das wird sich ändern. Einer meiner Lieblingsverse aus dem Koran lautet: „Mit jedem Schweren kommt Erleichterung."[9] Wahrlich. Und ich bin mir sicher, dass es so sein wird. Nach jeder Schwere kommt Erleichterung für uns und für alle Menschen in Inguschetien, für das ganze russländische Volk. Danke allen, die mir zugehört haben.

---

9 Sure 94:7: „„... wahrlich, mit der Drangsal kommt die Erleichterung."

Mit gutem Gewissen und in Würde

Nikita Uwarow

7. Februar 2022

Nikita Uwarow (*2005) ist ein Schüler aus der Stadt Kansk in der Region Krasnodar.
Er wurde im Juni 2020 im Alter von 14 Jahren festgenommen, nachdem er gemeinsam mit zwei gleichaltrigen Freunden in Kansk Aufkleber zur Unterstützung für die inhaftierten Anarchisten des *Netzwerk*-Falls und für Asat Miftachow[1] an Häuser geklebt hatte – einen davon an das FSB*-Gebäude.
Während der Ermittlungen durchsuchte der Geheimdienst die Korrespondenzen der Jugendlichen in den sozialen Netzwerken (die Nikita Uwarow in seinem letzten Wort erwähnt), und so wurde der Fall der Kansker Jugendlichen zu dem Fall der jüngsten „Terroristen" Russlands. Nachdem er am 4. Mai 2021 aus der Untersuchungshaft entlassen worden war, konnte Nikita Uwarow die 9. Klasse abschließen und schrieb sich an einer polytechnischen Hochschule ein.
Am 10. Februar 2022 verurteilte ihn das Östliche Bezirksmilitärgericht gemäß Artikel 205.3 („Ausbildung für terroristische Aktivitäten"), Artikel 223.1-2 („Illegale Herstellung von Sprengstoffen, begangen von einer Gruppe von Personen durch vorherige Verschwörung") und Artikel 222.1-2 („Unerlaubte Herstellung von Sprengstoffen durch eine Gruppe von Personen aufgrund vorheriger Verschwörung") zu fünf Jahren Lagerhaft.

Kansk ist eine sehr kleine Stadt, aber es gibt dort eine Menge Probleme. Schlechte Ökologie wegen des brennenden Waldes, viel Müll und Schmutz. Probleme mit streunenden Tieren, mit massiver Armut und dem Verfall, der sich im Stadtbild, in den Häusern, auf den Straßen und bei den Menschen zeigt. Viele Menschen, sogar Menschen, die ich kenne, leben

---

1 Zu *Netzwerk* siehe das letzte Wort von Ilja Schakurski und zu Asat Miftachow dessen letztes Wort in diesem Buch.

in verfallenden Häusern, [Menschen], die vom Staat sich selbst überlassen werden, denen von Beamten und Abgeordneten über Jahre hinweg etwas versprochen wird. Auch mit der medizinischen Versorgung gibt es viele Probleme: zu wenige Medikamente, Geräte und Spezialisten. Die Kriminalitätsrate ist hoch. Mit all dem bin ich aufgewachsen.

In der fünften Klasse war ich sehr motiviert zu lernen und wurde ein sehr fleißiger Schüler, der in allen Fächern erfolgreich war; in Geschichte schrieb ich von allen Schülern die besten Arbeiten. Irgendwann, ungefähr in der sechsten Klasse, wurde ich vom Bildungssystem desillusioniert. In einigen Fragen habe ich den Lehrern sogar widersprochen, was auch dazu beitrug, dass ich vom Schulsystem enttäuscht wurde. Das heißt, ich begann, Erwachsenen zu widersprechen, und schon damals versuchte ich, meine Meinung zu verteidigen.

Meine Schulnoten wurden schlechter, aber es gefiel mir zu lernen, Neues zu erfahren, und mein besonderes Interesse an Geschichte blieb erhalten. Ich ging weiterhin mehr oder weniger gern zur Schule, bis sich ungefähr in der achten Klasse mein Verhältnis zur Verwaltung, zu den Lehrern und einigen Schülern rapide verschlechterte. Die Klassenlehrerin hatte eine persönliche Abneigung gegen mich und stellte sich daher auf die Seite der Schüler, mit denen ich Konflikte hatte. Auch als ich auf die polytechnische Fachhochschule kam, behandelte mich die Sozialpädagogin mit Vorurteilen und sagte, dass sie wegen mir Probleme habe.

Ich hatte den Wunsch, etwas Neues zu lernen, ich mochte es, etwas über Physik, Chemie, Biologie, über verschiedene berühmte Wissenschaftler zu erfahren, ich sah mir auch populärwissenschaftliche Sendungen an. Von den exakten und technischen Wissenschaften wandte ich mich zunehmend den Geisteswissenschaften zu. Ich zog es vor, mich selbst weiterzubilden und suchte im Internet nach Informationen. Ich schaute verschiedene Sender, die einen interessanten Ansatz bei der Vermittlung von Wissenschaften verfolgten. Einer der bekannteren war „Galileo".

Ich habe schon oft erzählt, wie ich die Jungs kennengelernt habe. D.[2] kannte ich seit dem Kindergarten, aber angefreundet haben wir uns erst zu Beginn der achten Klasse. B. lernte ich im Februar 2020 bei einer Veranstaltung kennen. Ich traf mich gerne mit ihnen, da wir viele ähnliche Interessen hatten und sie mich verstanden.

Es hat mich geschmerzt, dass in meinem Land Menschen bestraft werden, zivilgesellschaftliche Aktivisten, die Gutes für das Land wünschen und sich für das Wohlergehen des Landes einsetzen. Ich erfuhr davon aus inoffiziellen Medien, denen ich vertraute. Und jetzt habe ich leider sogar die Willkür von skrupellosen Mitarbeitern des Systems an mir selbst erlebt. Sehr viele Menschen, die mit ähnlichen Fällen konfrontiert waren, aber auch solche, die es einfach satt hatten, so zu leben, und die eine andere Zukunft für ihre Kinder wollten, begannen, mich in der Untersuchungshaft zu unterstützen, ebenso meine Mutter. Dafür bin ich ihnen sehr dankbar, denn Solidarität und Unterstützung sind sehr wichtig für Menschen, die wegen ihrer politischen Ansichten in einem freien Land verfolgt werden.

---

2 Anmerkung der *Nowaja gazeta*, die das letzte Wort veröffentlichte: In Übereinstimmung mit den Gesetzen der Russischen Föderation gibt die *Nowaja gazeta* die Namen der Kinder nicht bekannt, mit Ausnahme von Nikita Uwarow und mit Genehmigung seiner Familie.

Die ersten drei Tage nach der eigentlichen Festnahme waren sehr schwierig. Ich konnte nicht schlafen, ich war sehr müde. Mir wurde gedroht, es wurde körperliche Gewalt angewendet. Aber ich habe versucht, ihnen alles zu erklären, wie Sie an meiner Stellungnahme sehen können. Ich beantwortete ihre Fragen zu meiner Korrespondenz und erklärte ihnen die Videos. Übrigens wurde meine Stellungnahme durch zusätzliche Phrasen verfälscht.

Ich habe an meiner eigenen Haut erlebt, wie sich Geheimdienstler und Ermittler verhalten können. Ich kann mir vorstellen, wie es damals D. und B. ergangen ist.

Der Druck auf mich setzte sich auch in der Untersuchungshaftanstalt fort. Dort verschlechterte sich schlagartig mein Sehvermögen. Ich bekam Probleme mit meinem Gedächtnis, meinem Gewicht, und ich wurde schnell müde. Insgesamt litt meine körperliche, psychische und moralische Gesundheit. Ich wurde öfter nervös und weniger kontaktfreudig. Es war hart für mich. Mir wurde klar, dass das Gefängnis die Menschen nicht bessert und sie nicht davon abhält, rückfällig zu werden. Es kann einen Menschen einfach endgültig verderben.

Unsere Korrespondenz in *VKontakte*[3] und *Telegram* war sehr umfangreich, und wir diskutierten dort die ganze Zeit über viele Themen: Spiele, Pyrotechnik, Politik und Schule. Oft kamen dort alle möglichen Witze vor.

Außer uns dreien hat jeder, der an der Korrespondenz teilgenommen hat, Gesprächsstoff geliefert: L., der Anleitungen zum Bau von Blendgranaten einstellte, wie auf den ins

---

3   *VKontakte* ist Russlands größtes soziales Netzwerk (etwa vergleichbar mit *Facebook*).

Netz gestellten Screenshots zu sehen ist; W., der sich am radikalsten äußerte und Aufrufe zum Partisanenkampf schrieb; I., der zu Gewalt aufrief. Aber ausgerechnet wir werden für die Gespräche angeklagt. Übrigens waren die Angaben zur Korrespondenz nicht verborgen, auch wenn die Gesprächsteilnehmer Bedenken wegen der Datensicherheit in *VKontakte* äußerten; aber wir haben weiter kommuniziert, ohne daran zu denken, dass unsere Äußerungen später so ausgelegt werden würden. Wir haben in dieser Korrespondenz keine klaren und konsequenten Pläne für terroristische Anschläge geäußert. Ich verstand auch nichts von der Gesetzeslage zum Umgang mit Pyrotechnik und Sprengstofftechnik und ihren Folgen. Als ich mit P. persönlich korrespondierte, wusste ich nicht, dass das eines Tages jemand anderes lesen würde. Ich habe nur meine Gedanken und Sorgen geäußert; er fragte mich nach Waffen und erzählte mir davon, ich half ihm bei der Suche nach Informationen. Ich bin generell dafür, den Besitz von Waffen zur Selbstverteidigung zu erleichtern, das ist meine persönliche Meinung. Ich erzählte ihm von Explosionen und Pyrotechnik als meinem Hobby, ich teilte meine Interessen mit ihm, er erzählte mir auch von seinem Leben. Ich kann mich nicht erinnern, dass ich ihm jemals gesagt hätte, dass ich einen Terroranschlag auf den FSB* oder das Innenministerium vorbereiten würde. Das hätte ich eh nicht getan: Diese Gebäude befinden sich an Orten, wo Menschen verletzt werden können.

Der Briefwechsel, von dem der Hauptzeuge P. dem Gericht berichtete, hat nie stattgefunden. Er hat ihn erfunden, um eine Bewährungsstrafe zu bekommen. Er hatte einfach keine andere Wahl. Während der Verhandlung sagte er selbst, dass er nichts aus dem Briefwechsel gelöscht habe. Die Korrespondenz ist jedoch nicht erhalten geblieben.

Ich habe P. nie geschrieben, dass ich plante oder vorbereitete, jemanden in die Luft zu sprengen, denn ich habe nichts geplant und niemanden vorbereitet. Und in der Korrespondenz, die untersucht wurde, haben wir nur darüber nachgedacht, ob die Menschen schlecht oder doch gut sind; ob sie in irgendeiner Weise beeinflusst und informiert werden könnten; darüber, dass sie sich irren könnten [wenn sie meinten], dass Anarchisten schlecht seien. So dachte ich und schlug deshalb D. vor, Flugblätter über Anarchisten gerade am FSB*-Gebäude anzubringen.

Und ich habe nicht gedacht, dass das solche Konsequenzen haben kann. Selbst jetzt denke ich nicht, dass alle dort schlecht sind, obwohl diejenigen, die an meinem Fall gearbeitet haben, ihre Arbeit nicht gewissenhaft gemacht haben. Um sich die Arbeit zu erleichtern, haben sie meine Freunde einfach mit Schlägen und unter Druck gezwungen, auszusagen. Und als sie merkten, dass ich nicht gestehen würde, was sie wollten, sind all die schlechten Beurteilungen und Verleumdungen meiner Freunde aufgetaucht, um mich moralisch zu brechen, um den Wärtern ein Motiv zu geben, ich sei schlecht und gehörte ins Gefängnis. Ich konnte lange Zeit nicht verstehen, wer mir die Beurteilung vom Wohnort ausgestellt hat, denn kein Nachbar hat sich je über mich beschwert und ich habe nie etwas Illegales getan. Es stellte sich heraus, dass es der Schulinspektor des Jugendamts war.

Nach meiner Inhaftierung setzten sie meine Mutter damit unter Druck, dass sie nicht genug Geld für einen bezahlten Anwalt hätte. Sie hofften, dass ich es nicht aushalten würde, kamen immer wieder zu mir in die Untersuchungshaftanstalt und sagten, sie wollten mir helfen. Sofort nach der Verhaftung, als meine Mutter es nicht schaffte, mich zu besuchen und mir etwas zu bringen, brachten sie mir Schreibzeug und deuteten an, dass sie schlecht sei und nicht zu mir komme. Einer von ihnen schlug sogar vor, dass wir uns gegenseitig Briefe schreiben und er sie überbringen würde.

Außerdem verweigerten sie mir absichtlich die Erlaubnis, meine Mutter anzurufen und zu sehen; unsere zahlreichen Anträge sind unbeantwortet geblieben. Ich hatte Glück, dass das Berufungsgericht mich aus der Untersuchungshaft entließ.

Zum Zeugen L. möchte ich sagen, dass er einfach nur Glück hatte, dass seine Großmutter, Nadeschda Katschan (wovon ich aus den Prozessunterlagen erfahren habe), die ehemalige Bürgermeisterin von Kansk ist.

Wenn ich eine Haftstrafe bekomme, werde ich sie mit gutem Gewissen und in Würde absitzen. Ich werde ruhig sein, denn ich habe meinen Freunden nie etwas Schlechtes beigebracht, ich war nicht ihr Anführer, wir waren gleichberechtigt und nur Freunde. Ich habe niemanden verleumdet. Ich schäme mich nicht vor nahen und fremden Menschen, die über unsere Geschichte Bescheid wissen. Auch wenn jemand nicht mir, sondern den Strafverfolgungsbehörden glaubt, gibt es nichts, wofür ich mich schämen müsste. Ich hatte nicht die Absicht, jemanden in die Luft zu sprengen.

Es ist sehr wichtig für mich, dass Fremde mich und meine Mutter unterstützt haben. Ich habe nicht gewusst und nicht einmal gedacht, dass aufgehängte Flugblätter zu solch unglaublichen Konsequenzen führen würden. Wir alle wissen, was daraus geworden ist.

Zum letzten Mal in diesem Gericht möchte ich sagen: Ich bin kein Terrorist, ich bin nicht schuldig im Sinne von Artikel 205 Absatz 3 des Strafgesetzbuches der Russischen Föderation.

Ich möchte einfach nur mein Studium fortsetzen, einen Abschluss machen und irgendwohin gehen, weit weg von hier, um niemanden von den Geheimdiensten hier nervös zu machen und auch selbst nicht nervös zu sein, sondern eine Art Freiberufler oder etwas anderes zu werden. Ich bitte das Gericht, mir das zu ermöglichen.

Ich will nicht vom Kummer anderer profitieren

Ismail Isajew, Salech Magamadow

11. Februar 2022

Ismail Isajew (*2003) und Salech Magamadow (*2001) sind Brüder, von denen einer den Namen des Vaters (Isajew) und der andere den der Mutter trägt. Einer der jungen Männer ist schwul, der andere durchläuft eine Transgender-Transition. Sie waren Moderatoren des oppositionellen *Telegram*-Chats „Osal Nach 95"[1], in dem tschetschenische Beamte und der offizielle Islam kritisiert wurden.

Im Jahr 2020 wurden die Brüder aufgespürt und gekidnappt. Isajew und Magamadow wurden zusammen mit 27 anderen Gefangenen fast zwei Monate lang auf dem Stützpunkt des Kadyrow-Patrouillen- und Kontrollregiments in Grosny festgehalten. Während dieser Zeit wurden sie systematisch geschlagen, gedemütigt und eingeschüchtert. Im April 2020 kursierten in regierungsfreundlichen tschetschenischen Kanälen auf *Telegram* und *Instagram* Videos, in denen sich die Brüder und sechs weitere Personen für ihre in dem Chatroom geäußerten Ansichten entschuldigten.

Isajew und Magamadow wurden Ende Mai 2020 freigelassen und im Juli gelang es ihnen, von Tschetschenien nach Nischni Nowgorod umzuziehen, wo sie ihre Ausreise aus Russland vorbereiteten. Am 4. Februar 2021 nahmen tschetschenische Sicherheitskräfte die Brüder in ihrer Wohnung in Nischni Nowgorod erneut fest und brachten sie nach Gudermes in Tschetschenien.

Am 22. Februar 2022 verurteilte das tschetschenische Achchoi-Martanowskij-Bezirksgericht die Brüder gemäß Artikel 33-5 und Artikel 208-2 („Beihilfe für eine illegale bewaffnete Organisation"). Ismail Isajew erhielt sechs Jahren Lagerhaft, Salech Magamadow acht Jahre Freiheitsentzug, wobei ein Jahr im Gefängnis und sieben Jahre im Lager unter strengen Haftbedingungen zu verbüßen sind.

---

1 „Osal Nach" bedeutet übersetzt aus dem Tschetschenischen „prinzipienlose Menschen".

Ismail Isajew

Ich denke, dass das Gericht in unserem Fall nichts entscheidet und nur eine Formalität ist. Es ist längst entschieden, dass wir schuldig gesprochen und verurteilt werden – nicht vom Gericht, sondern von den Verbrechern, die sich an der Macht befinden.

Das Gericht ist ihnen völlig untergeordnet und nicht unparteiisch, und die Aufgabe des Gerichts besteht nicht darin, die Wahrheit herauszufinden, sondern uns ins Gefängnis zu stecken. Diese Verbrecher beschlossen, uns in dem Moment einzusperren, als wir die [Tschetschenische] Republik verließen und uns weigerten, mit ihnen zusammenzuarbeiten. Dann merkten sie, dass zwei Monate Koranstudium und Folter unsere Ansichten nicht ändern konnten.

Man könnte auch sagen, dass ich inhaftiert wurde, weil ich nicht zum Kriminellen werden wollte. Das klingt absurd, aber für Tschetschenien ist das normal. Ich wollte *Telegram* nicht dazu benutzen, Leute aufzuspüren, die Kadyrow[2] unangenehm sind, damit sie gefoltert werden könnten. Ich wollte nicht vom Kummer anderer Menschen profitieren.

Wie kann man überhaupt von einem Gericht sprechen, wenn man, um jemanden ins Gefängnis zu bringen, nur auf ihn zeigen und ihn als Terroristen bezeichnen muss? Die gesamte Anschuldigung beruht auf den Aussagen zweier Personen, die durch nichts belegt sind und unter Folter gemacht wurden. Auf diese Weise kann absolut jeder inhaftiert werden, und dieselben Leute, die uns wegen unserer atheistischen Ansichten gefoltert haben, haben sich nichts Schlaueres

---

2   Ramsan Kadyrow (*1976) ist „Oberhaupt" der Republik Tschetschenien, die zur Russischen Föderation gehört.

einfallen lassen, als ein Strafverfahren unter dem Terrorismusparagrafen zu fabrizieren.

Egal, welche Beweise wir heute vorlegten, wir werden für schuldig befunden, obwohl sowohl das Gericht als auch die gesamte Gesellschaft verstehen, dass keine Schuld vorliegt. Ich wiederhole noch einmal, dass wir unschuldig sind und aufgrund unserer Überzeugungen ein solches Verbrechen nicht begangen haben können.

Salech Magamadow

Zuerst wollte ich mich weigern, überhaupt ein letztes Wort zu sprechen, weil die Entscheidung in unserem Fall längst gefallen ist. Aber ich werde dennoch ein paar Worte sagen.

Ich denke, es ist völlig egal, was ich hier sage, es ist egal, welche Argumente die Verteidigung vorbringt, weil das Gericht auch so weiß, dass wir unschuldig sind. Und nicht nur das Gericht, sondern jeder vernünftige Mensch. Und ungeachtet dessen, dass wir unschuldig sind, haben der Richter und die Staatsanwälte nur ein Ziel – uns ins Gefängnis zu bringen oder besser gesagt, uns weiterhin dort zu behalten.

In Tschetschenien kann man wirklich jeden Menschen nehmen und ihn ohne objektive Beweise einer Schuld ins Gefängnis stecken, genau wie uns. Ich bin sicher, dass, wenn [Rustam] Bortschaschwili[3] persönlich hierher kommen und erklären würde, dass er uns nie gesehen hat und dass wir nie Lebensmittel übergeben haben, wir dennoch verurteilt würden.

---

3   Rustam Bortschaschwili (1978-2020) war ein im Oktober 2020 getöteter Kämpfer; Magamadow und Isajew wurden beschuldigt, ihm im Juni 2020 Lebensmittel übergeben zu haben.

Seit mehr als einem Jahr wird die Untersuchungshaft ohne jeglichen Grund verlängert. Manchmal wird unsere Meinung nicht einmal erfragt – sie schreiben erlogene Informationen in die Protokolle, und Tonaufnahmen werden gelöscht.

Fast alle von der Verteidigung gestellten Anträge wurden vom Richter abgelehnt. All dies und viele andere Dinge, die ich nicht erwähnt habe, zeigen, dass dieses Gericht eindeutig voreingenommen ist. Daher können wir nicht mit einem fairen und gerechten Urteil rechnen.

Wer den Krieg bekämpfen will, muss den Despotismus bekämpfen

Alexej Nawalny

15. März 2022

Alexej Nawalny (*1976-2024), Jurist und Oppositionspolitiker, war einer der Organisatoren der Massenproteste gegen die Fälschungen der Parlamentswahl am 4. Dezember 2011 und der Präsidentschaftswahl am 4. März 2012. 2013 trat er als Kandidat zur Wahl des Moskauer Bürgermeisters an und erhielt nach offiziellen Angaben 27 % der Stimmen; zur Präsidentschaftswahl 2018 wurde er nicht als Kandidat zugelassen. Er initiierte die Praxis des „klugen Wählens", wobei möglichst viele Bürger den aussichtsreichsten Gegenkandidaten zur Regierungspartei wählen. 2011 gründete Alexej Nawalny die *Stiftung zur Korruptionsbekämpfung*[1] und 2022 (bereits in Haft) die internationale *Anti Corruption Foundation*.

Nawalny wurde mit zahlreichen Strafprozessen überzogen. Am 20. August 2020 wurde er mit dem Nervenkampfstoff Nowitschok vergiftet, der auf den russländischen Geheimdienst als Täter verweist. Nach zwei Tagen medizinischer Behandlung in Orjol wurde er nach Berlin ausgeflogen. Als er am 17. Januar 2021 nach Russland zurückkehrte, wurde er noch auf dem Flughafen festgenommen. Am 2. Februar 2021 wurde seine Bewährungsstrafe aus einem Prozess aus dem Jahr 2014 unter dem Vorwand, er habe während seines Aufenthaltes in Deutschland gegen Bewährungsauflagen verstoßen, in zwei Jahre und acht Monate Lagerhaft umgewandelt.

Das hier veröffentlichte letzte Wort bezieht sich auf den Prozess, in dem ihn das Moskauer Lefortowo-Gericht in einer auswärtigen Sitzung, die in der Strafkolonie Nr. 2 in der Stadt Pokrow stattfand, am 22. März 2022 gemäß Artikel 159.4-4 („Betrug in besonders großem Ausmaß") und Artikel 297 („Beleidigung des Gerichts") zu

---

[1] Ihre Rechercheergebnisse präsentierte die Stiftung in Filmen; so 2017 über die durch Korruption erworbenen Reichtümer des ehemaligen Präsidenten Dmitrij Medwedjew und 2021 über die des gegenwärtigen Präsidenten Wladimir Putin. Letztgenannter Film wurde von 130 Millionen Internetnutzern gesehen.

neun Jahren Lagerhaft und einer Geldstrafe von 1,2 Millionen Rubel[2] verurteilte.

Am 4. August 2023 verurteilte das Moskauer Stadtgericht Alexej Nawalny, der sich seit Juni 2022 im Lager Nr. 6 im Gebiet Wladimir befand, zu 19 Jahren Haft. Am 1. Dezember 2023 wurde bekannt, dass gegen Nawalny ein neues Strafverfahren nach Artikel 214-2 („Vandalismus, begangen von einer Gruppe oder aus Hass und Feindschaft") eingeleitet wurde. Am 16. Februar 2024 meldete die Gefängnisverwaltung den Tod von Alexej Nawalny im Lager Nr. 3 des Autonomen Bezirks der Jamal-Nenzen.

„Angeklagter Nawalny, Sie haben das letzte Wort." Wenn man mir jedes Mal etwas bezahlen würde, wenn ich diesen Satz höre, selbst den fallenden Kurs mit eingerechnet, dann wäre ich längst ein reicher Mensch. Es kommt mir ein wenig lächerlich vor, dass es so viele letzte Worte sind. Wahrscheinlich verdrehen die Leute schon die Augen und sagen: „Na, wenn es das letzte Wort ist, warum spricht er dann und spricht und spricht und spricht?" Ehrlich gesagt habe ich dieses Mal zu Anfang des Prozesses überlegt, ob ich auf das letzte Wort verzichte. Wie oft soll ich denn noch ein letztes Wort sagen?

Aber ich habe mich doch dafür entschieden, immerhin heißt so eine erstaunliche Sache in so einem Format das letzte Wort. Wissen Sie, was die Leute schreiben, wenn sie den letzten Tag arbeiten? Nicht „Schlussverkauf", sondern „Auflösung des Ladens". Und trotzdem kommen Kunden und kaufen irgendetwas. Also, das letzte Wort gibt die Möglichkeit, unter diesen Umständen etwas zu sagen, allerdings etwas, das ein wenig stärker gehört wird. Deshalb werde ich mein letztes Wort sprechen.

---

2 Das entsprach zum Zeitpunkt der Verurteilung etwa 10.300 Euro.

Anfangen will ich damit, dass ich, naja, so eine Art Antwort gebe. Denn im Grunde genommen sind diese Prozesse ein Dialog zwischen mir, meinen Mitstreitern und der Staatsmacht. Wir sagen: „Wir machen dieses." Sie sagen: „Na gut, dafür kriegst du fünf Jahre." „Wir machen jenes." „Na gut, dann kriegst du zusätzlich ..." „Wir machen trotzdem weiter." „Ihr seid jetzt Extremisten."

Ich nutze die Gelegenheit des letzten Wortes, um eine offizielle Ankündigung an jene zu richten, die glauben, dass die *Stiftung zur Korruptionsbekämpfung*[3] aufhören wird, dass sie ihre Arbeit einstellen, langsamer arbeiten, eingehen wird oder dass sonst etwas mit ihr passiert, weil ich schon so lange Zeit isoliert bin. Vielleicht hofft irgendwer darauf, dass uns nach meiner Verurteilung das Entsetzen einholen wird.

Aber nein, die *Stiftung zur Korruptionsbekämpfung* wird nicht nur nicht aufhören – sie wird sich weltweit ausbreiten. Wir werden eine internationale Organisation zur Korruptionsbekämpfung gründen. Sie wird noch größer werden und sie wird stärker werden. Wir werden noch mehr Videos machen, wir werden noch mehr Recherchen durchführen, wir werden noch mehr von diesen Leuten entlarven, die das Leben in unserem Land stören. Die *Stiftung zur Korruptionsbekämpfung* wird also weiterwachsen und international werden.[4]

---

3 Für Nawalnys *Stiftung zur Korruptionsbekämpfung* waren auch Tschanyschewa und Cholodny tätig, deren letzte Worte sich in diesem Buch finden. Im Oktober 2019 wurde die Stiftung als „ausländischer Agent"* gelistet und im September 2021 wieder aus der Liste gelöscht, da die Stiftung inzwischen verboten worden war.

4 Dieser Ankündigung folgte am 11. Juli 2022 die Erklärung Nawalnys (ebenfalls aus der Haft heraus), die internationale *Anti Corruption Foundation* sei nun gegründet. Im Dezember 2022 erklärte das

Was diesen Prozess betrifft, so gab es in ihm eine große Besonderheit. Der Prozess unterschied sich sehr stark von allen anderen Prozessen. Es geht natürlich keineswegs um irgendwelche Verfahrensfragen. Es geht auch nicht darum, dass der Prozess im Gefängnis stattfindet oder dass eine absurde, gigantisch hohe Haftstrafe gefordert wurde. Immerhin ist es Ihnen, bei allem Respekt, Euer Ehren, nicht gelungen, den Rekord des Gerichtes in Chimki[5] zu brechen, das mich verurteilt hat. Dort hingen über meinem Sitz die Porträts von Jeschow und Jagoda.[6] Das war heftig.

Justizministerium der Russischen Föderation die Organisation zum „ausländischen Agenten"*; am 1. Juni 2023 wurde bekannt, dass sie nun auch zur „unerwünschten Organisation"* erklärt worden sei. Das Beratungsgremium der Stiftung bilden gemeinsam mit Julia Nawalnaja Anne Applebaum, Francis Fukuyama und Guy Verhofstadt. Am 26. April 2022 veröffentlichte die *Anti Corruption Foundation* eine Liste mit 6.000 Namen von Personen, die in Korruption und in die Anstiftung zum Krieg in der Ukraine verwickelt sind. Am 19. Mai 2022 verabschiedete das Europaparlament eine Resolution, mit der sie vor allem den Europarat aufforderte, Sanktionen gegen die Genannten in Kraft zu setzen.

5   In der Polizeistation von Chimki fand am 18. Januar 2021 unmittelbar nach seiner Rückkehr nach Russland ad hoc eine Verhandlung gegen Nawalny statt, in der er zu 30 Tagen Untersuchungshaft verurteilt wurde. Sowohl die Verhandlung selbst, die unter zahlreichen Rechtsverstößen abgehalten wurde, als auch die Beschuldigung, Nawalny habe Bewährungsauflagen verletzt, nachdem er aufgrund seiner Vergiftung durch russländische Geheimdienstmitarbeiter im Sommer 2020 zur medizinischen Behandlung nach Deutschland ausgeflogen worden war, waren eine Farce.

6   Nikolaj Jeschow (1895-1940) war von 1936-38 Leiter des sowjetischen Innenministeriums bzw. Geheimdienstes NKWD*. Er war für die Repressionen dieser Jahre, in denen 1,57 Millionen Menschen verhaftet und 680.000 Menschen hingerichtet wurden, verantwortlich. In der sowjetischen Bevölkerung wurde der Große Terror deshalb auch *Jeschowschtschina* genannt. Genrich Jagoda (1891-1938) war sein Vorgänger (1934-36).

Dennoch gab es eine Besonderheit und sie ist mit nichts anderem zu verwechseln. Die Besonderheit bestand darin, dass sich niemand für den Prozess interessierte. Es ist nicht so, dass sich die Öffentlichkeit nicht dafür interessiert hätte. Aber vor dem Hintergrund (...) ist so etwas natürlich weniger interessant.[7] Und genau deswegen wurde der Zeitpunkt für die Verhandlung von der Präsidialverwaltung so gewählt. Denn hier ist natürlich ...

An dieser Stelle wird zunächst nur der Ton der Übertragung aus dem Sitzungssaal abgestellt. Dann ist die gesamte Übertragung unterbrochen.

... Jurij Alexejewitsch Gagarin[8] – Sie wollten doch immer der Erste sein, der Erste im Kosmos? Und dann, zehn Jahre später, *waren* wir die Ersten im Kosmos. Aber nach diesem allem sind wir nun nicht die Ersten, nicht die Zweiten, nicht die Dritten. Wohin ist es mit uns gekommen? Warum hat sich das alles so schnell verändert ...

Wieder wird die Übertragung unterbrochen. Auf dem Fernsehbildschirm vor den Journalisten erscheint der Text: „Sie wurden aus der Konferenz entfernt."

... Nichtsdestoweniger stellt sich die Frage, was man noch konkreter machen kann, als einfach mit Plakaten „Nein zum (...)"[9] dazustehen, auch wenn das sehr gut und richtig ist.

Mir persönlich gibt ein bedeutender Landsmann von uns eine Antwort darauf. Ich habe ihn ziemlich oft gesehen. Ich habe ihm oft in die Augen geschaut während dieses

---

7   Gemeint ist hier wohl „vor dem Hintergrund des Krieges".
8   Jurij Gagarin (1934-1968) war am 12. April 1961 als erster Mensch in den Weltraum geflogen.
9   Gemeint ist die Losung „Nein zum Krieg".

Prozesses unter ziemlich, sagen wir, intimen Umständen. Sie wissen ja, dass man, um hierher in diesen Saal zu gelangen, den sogenannten „Durchsuchungspunkt" durchlaufen muss. Man legt dort seine Kleidung ab, zieht sich ganz aus. Alles wird untersucht. Ich durchlaufe den Durchsuchungspunkt mindestens vier Mal am Tag, und wenn mir häufige Pausen verordnet sind, acht Mal am Tag. Alle Räume sind belegt [...], aber dort befindet sich eine Schule für die Strafgefangenen, also ein Raum für den Russischunterricht. Und im Raum für den Russischunterricht findet es jeden Tag statt, mehrere Male am Tag.

[...] Der Mann vom Durchsuchungspunkt hält meine Unterhose in seinen Händen und untersucht sie also mit einem Metalldetektor. Ich stehe nackt da und schaue die Wand an. Von der Wand sieht mich Lew Tolstoi an, ein bedeutender russischer Mensch, der viel zu Kriegen gesagt hat, viel Richtiges.[10] Er hat etwas in sein Tagebuch geschrieben. Ich habe es mir für immer gemerkt, denn er hat die Notiz am 4. Juli gemacht.[11]

In diesem Moment bricht die Übertragung aus dem Sitzungssaal erneut ab und wird nicht wiederhergestellt. Wenig später erscheint auf Nawalnys Instagram-Kanal die Erklärung, dass er seine Rede mit den Worten von Lew Tolstoi beendet habe:

„Der Krieg ist das Werk von Despotismus. Wer den Krieg bekämpfen will, muss nur den Despotismus bekämpfen."

---

10 Lew Tolstoi (1828-1912) ist der Autor des historischen Romans „Krieg und Frieden", dessen Handlung in den Jahren 1805-12 spielt und der erstmals als zusammenhängendes Werk 1868/69 in Moskau erschien.
11 Möglicherweise eine Anspielung auf den US-amerikanischen Unabhängigkeitstag.

Wir brauchen eine Abkehr vom imperialen Chauvinismus

Wladimir Metjolkin

1. April 2022

Wladimir Metjolkin (*1994) ist ein Student aus Moskau. Er war Redakteur der Studentenzeitung *Doxa*,¹ die sich nach dem 24. Februar 2022 als „Unabhängige Zeitschrift gegen Krieg, Diktatur und Ungleichheit" bezeichnete. Im Januar 2021 veröffentlichte *Doxa* das Video „Sie können die Jugend nicht besiegen", in dem junge Leute dazu aufgerufen werden, ohne Angst auf die Straße zu gehen und zu protestieren.

Am Abend des 22. Januar 2021, dem Vorabend der gesamtrussischen Protestaktionen gegen die Inhaftierung von Alexej Nawalny, eröffnete das Staatliche Ermittlungskomitee der Russischen Föderation ein Strafverfahren gegen Wladimir Metjolkin und drei seiner Mitstreiter.² Am 14. April 2021 führten Sicherheitsmitarbeiter Hausdurchsuchungen in ihren Wohnungen und in der *Doxa*-Redaktion durch. Sie wurden unter Hausarrest gestellt und durften das Internet nicht benutzen. Am 12. April 2022 verurteilte das Dorogomilowski-Gericht Moskau die Redakteure von *Doxa* gemäß Artikel 151.2-2a, b und c („Beteiligung einer Gruppe von Personen von zwei oder mehr Minderjährigen an der Begehung von Handlungen, die das Leben von Minderjährigen in Informations- und Telekommunikationsnetzen einschließlich des Internets gefährden") zu je zwei Jahren Besserungsarbeit. Unter Berücksichtigung der einjährigen Untersuchungshaft blieben noch je sechs Monate Besserungsarbeit.³

---

1 *Doxa* ist Griechisch und bedeutet Meinung (im Gegensatz zu Wissen).
2 Dieses Verfahren wird auch als „*Doxa*-Prozess" bezeichnet. Mit angeklagt und zur jeweils gleichen Strafe verurteilt wurden die Redakteure der Zeitschrift Armen Aramjan (*1997), Alla Gutnikowa (*1998) und Natascha Tyschkewitsch (*1994).
3 Aufgrund seiner Berichte über sexuelle Belästigung seitens der Ermittlerin wurde am 24. Mai 2021 ein weiteres Strafverfahren gegen Wladimir Metjolkin gemäß Artikel 298.1-2d („Verleumdung eines Ermittlers im Zusammenhang mit einer Voruntersuchung") eingeleitet.

> Wladimir Metjolkin und seine drei Freunde verließen Russland noch im selben Jahr. Im August 2022 wurden sie russlandweit zur Fahndung ausgeschrieben. 2024 wurde die Zeitschrift *Doxa* zur „unerwünschten Organisation"* erklärt.

„Die Macht[4] hat der Jugend den Krieg erklärt, aber die Jugend – das sind wir und wir werden mit Sicherheit gewinnen". Das sind die letzten Worte unseres Videos, gesprochen von Alla. Wir haben dieses Video vor mehr als einem Jahr veröffentlicht, wegen ihm wurde gegen uns ein Strafverfahren eröffnet, genau deswegen stehen wir jetzt hier in diesem Gerichtssaal. Unser letzter Satz in dem Video besteht aus zwei Teilen – ich möchte in meiner Rede diese beiden Teile als Ausgangspunkt nutzen.

Die Macht hat der Jugend den Krieg erklärt. Die Metapher des Kriegs gegen die Jugend und ihre Bedeutung ist eigentlich offensichtlich und bedarf keiner weiteren Erklärung: Junge Menschen haben im gegenwärtigen Russland kaum eine Perspektive und wenig Hoffnung auf die Zukunft, denn die hat man uns genommen. Falls du ein junger redlicher Mensch bist, deine Persönlichkeit entwickeln, eine Ausbildung erhalten und einer ehrlichen Arbeit nachgehen willst, wenn du also auch nur irgendetwas im Leben erreichen möchtest, dann wird dir empfohlen, Russland zu verlassen und dies – so heißt es dann – je früher, desto besser.

Heute, ein Jahr nachdem das Verfahren eröffnet wurde, können wir mit Wut und sogar Hass sagen, dass es noch viel schlimmer ist. Denn die Macht hat Krieg im ganz eigentlichen Sinne erklärt – es geht nicht um einen metaphorischen Krieg gegen die Jugend. Es geht um den grausamen und

---

4   Im Russischen synonym mit Machthaber.

zerstörerischen Krieg gegen die Ukraine und ihre friedlichen Bürger. Dieser Krieg wird seit 2014 geführt, was viele von uns einfach vergessen hatten. Auch ich habe diesem Krieg früher nicht die nötige Aufmerksamkeit geschenkt. Aber alle erinnern sich gewiss jetzt wieder daran, nachdem Russland am Morgen des 24. Februar nach einer unfassbar nationalistischen Rede Putins begonnen hat, Kyjiw zu bombardieren.

Die Macht hat Boris Romantschenko den Krieg erklärt. Dieser Greis hatte vier nationalsozialistische Lager überlebt, unter ihnen Buchenwald. Aber im März 2022 traf eine russische Rakete sein Haus in Charkiw und tötete ihn. Die Macht hat auch dem 96-jährigen Veteranen des Zweiten Weltkriegs Boris Semjonow den Krieg erklärt. Ihm wurde seinerzeit ein Orden für die Befreiung Prags verliehen, nun aber befindet er sich wieder in Prag, diesmal als Flüchtling; er war gezwungen, die Region Dnipropetrowsk wegen des andauernden Beschusses zu verlassen. Hier wartet er nun auf eine Wohnung, obwohl man ihm außerdem Hilfe in Berlin zugesagt hat – dort kann er in Frieden seinen Lebensabend verbringen.

In diesem Moment unterbricht die Richterin Anastasia Tatarulja den Angeklagten, aber der setzt fort.

Die Macht hat Mariupol den Krieg erklärt, einer Stadt, die schon lange unter einer Blockade leidet, in der mehr als 90 % aller Gebäude zerstört sind, deren Einwohner verhungern und verdursten, die ihre Angehörigen direkt in den Höfen der Wohnhäuser beerdigen, denn andere Möglichkeiten haben sie nicht. Schauen Sie sich diese Fotografien an, von ihnen gibt es viele in den internationalen Medien.

Die Macht hat Frauen und Kindern den Krieg erklärt. Russland bombardiert wahllos urbane Gegenden und trifft

Schulen, Krankenhäuser und Geburtskliniken. Das bestätigen Journalisten, Menschenrechtsorganisationen und Regierungen der ganzen Welt. Wir können jeden Tag eine riesige Menge an Fotos und Videos aus der Ukraine sehen, diesen Krieg sehen wir quasi direkt online. Aber scheinbar werden Jemandem die Frontberichte immer noch in Mappen gebracht.[5]

Die Macht hat sogar jenen den Krieg erklärt, deren Hände sie eigentlich für die Kriegsführung braucht. Unter anderem werden in dem Krieg auch normale Wehrpflichtige eingesetzt. Sie wollen nicht kämpfen, begeben sich freiwillig in Gefangenschaft und führen ihre Panzer nicht in den Angriff, manchmal sind sie auch gar nicht in der Lage, die Militärtechnik überhaupt zu bedienen. Sie werden chaotisch an die Front geworfen, in verschiedene Stoßrichtungen des Angriffs (auch wenn wir von Frontbegradigungen hören, wollen wir hoffen, dass diese tatsächlich stattfinden). Sie sterben einen furchtbaren Tod: Sie verbrennen lebendig in den zerstörten Militärkolonnen. In den ersten Tagen des Angriffs wussten die russländischen Soldaten nicht, wo sie sich befinden und wohin sie sich bewegen sollten, das ist in einer Vielzahl von Beweisen festgehalten und dokumentiert. Sie sind einfach in den Tod geschickt worden, viele ohne passende Kleidung, normales Essen und Schlafmöglichkeiten.

Hier unterbricht die Richterin Metjolkin wieder. Er antwortet: „Ich bin der Meinung, dass dies eine unmittelbare Bedeutung für das Verfahren hat und setze fort."

---

5 Anspielung auf Putin, dem nachgesagt wird, sich alle Unterlagen in Papierform vorlegen zu lassen.

Eine Frau erzählte mir persönlich die Geschichte ihres Neffen, der als Wehrpflichtiger direkt in einem sowjetischen Panzer des Jahres 1974 schläft. Wir haben Berichte darüber gehört, dass die toten Soldaten nicht geborgen und abtransportiert werden, wie es sich gehört. Sie verwesen auf den ukrainischen Feldern. Die ukrainische Seite hat vorgeschlagen, die Leichen zu bergen, doch die Russen schweigen.

Die Macht hat Aktivisten und Journalisten den Krieg erklärt, die offen über das sprechen wollen, was passiert, da es unmöglich ist, darüber zu schweigen. In einigen Jahren wird man uns fragen, was wir in dieser Zeit getan haben, wie wir uns dem Gang der Dinge widersetzt haben. Wir werden der nachfolgenden Generation antworten müssen. Gleichzeitig funktionieren die Repressionen: Mehr als 200 Ordnungsstrafen sind verhängt und einige Strafprozesse eröffnet worden, passend zur Kriegszeit sind neue Paragrafen eingeführt worden. Juristen sprechen zu Recht von einer Kriegszensur. Die Macht schüchtert uns fortgesetzt ein, indem sie andeutet, dass das Moratorium zur Todesstrafe abgeschafft werden könnte. Es gibt Menschen, die nicht schweigen, aber wir sind wenige.

Nun komme ich zum zweiten Teil des Satzes [aus dem Video]: „Die Jugend, das sind wir und wir werden mit Sicherheit gewinnen." Was ist damit gesagt? Ich möchte diese Aussage nicht in der üblichen Weise im Sinne eines Generationenkonflikts interpretieren, in dem also die Jungen ganz zwangsläufig die Alten ersetzen, die in den Hintergrund treten, wodurch angeblich die Dinge schon automatisch besser werden würden. Das wäre eine Vereinfachung.

Meiner Meinung nach bringen diese Worte zum Ausdruck, dass doch irgendwann unsere Zukunft beginnt. Wir wissen nicht, wie sie aussehen wird, gegenwärtig können wir nichts Bestimmtes erblicken. Aber es kann keinen Zweifel daran geben, dass Putins Regime früher zu einem Ende kommen wird, als dem Hauptdarsteller (der lediglich im Moment noch der Hauptdarsteller ist) lieb ist. Mit seinem Versuch, sich ein ganzes Leben an das Präsidentenamt zu klammern, zerstört unser Präsident sein Land.

Vor unseren Augen spielen sich die schrecklichsten Ereignisse in der modernen Geschichte Russlands ab. Vielleicht sogar in der gesamten Geschichte Russlands, in seiner „tausendjährigen Geschichte", um es in der Sprache der Propaganda zu sagen. Eine der Grundlagen dieses propagandistischen Diskurses ist die Behauptung, dass Russland im Laufe seiner gesamten Geschichte nur gerechte Kriege und Befreiungskriege geführt habe.

Ich möchte mich hier nicht in historische Details vertiefen, denn ein einziges Zeugnis ist ausreichend. Die Fotografien von Kyjiw, Mariupol und Cherson nach dem 24. Februar 2022 reichen vollkommen aus, um zu verstehen, dass dieses Narrativ von Russland als Befreier schlicht und ergreifend nicht mehr existiert. Heute sind wir es, die Frauen, Kinder und Alte bombardieren. Wir bombardieren mit Streumunition und Luftminen. Die Einwohner Russlands reagieren darauf, wie sie es vermögen. Sie vermögen es nur kraftlos, aber stattdessen reagiert die Welt umso stärker. Das Leben in Russland hat sich nach dem Kriegsbeginn und den neuen Sanktionen stark zum Schlechteren verändert, und das für lange Zeit. Politik, Wirtschaft, Kultur und Bildung – all dies ist zerstört worden. Alles ändert sich mit der Zeit, aber jetzt ist es ein Mensch, der mit seinen wahnsinnigen Entscheidungen diese Veränderungen nur noch beschleunigt.

Ein Wort zur Denazifizierung. Russland hat sich als Symbol des Krieges den Buchstaben Z ausgedacht, den viele mit gutem Recht als ein halbes Hakenkreuz ansehen. In einigen Ländern gibt es schon Bestrebungen, dieses Zeichen per Gesetz der Symbolik des Nationalsozialismus gleichzustellen. Und anders kann man das auch gar nicht bezeichnen. Dies ist ein neues Hakenkreuz und eine neue Rune. In Form dieser Rune werden russländische Studenten, Schüler und sogar Kinder im Kindergarten aufgestellt.

Die russländischen Propagandisten empören sich bereits acht Jahre lang seit 2014 über Faschisten in der Ukraine. Zuerst haben sie angeblich auf dem Maidan demonstriert, dann die Macht erobert. Wir haben Fackelumzüge gesehen, die tatsächlich äußerst befremdlich aussahen. Aber wo sind jetzt diese ukrainischen Rechtsextremen? Die Vereinigten Rechten sind nicht in die Rada eingezogen, sie haben bei den letzten Wahlen 2 % erreicht. Zwar haben einzelne Personen aus dem Lager der nationalistischen Kämpfer, die im Osten der Ukraine aktiv waren, ihren Weg in die Politik gefunden und konnten unter Poroschenko[6] Stellen in den Sicherheitsorganen einnehmen, aber es gibt keinen Grund zu behaupten, dass sie in den letzten Jahren die Politik beeinflusst hätten. Wolodimir Selenskyj hat ganz offensichtlich damit begonnen, die ukrainischsprachigen und russischsprachigen Teile der Bevölkerung miteinander auszusöhnen.

---

6 Petro Poroschenko (*1965) war von 2014 bis 2019 gewählter Präsident der Ukraine. Sein Nachfolger ist Wolodimir Selenskyj (*1978).

Wir haben doch längst die ukrainischen Nationalisten deutlich überholt. Wir brauchen eine Entnazifizierung und Dekolonisierung Russlands. Wir brauchen eine Abkehr vom imperialen Chauvinismus, einen Verzicht auf das Lächerlichmachen von Sprachen, Kulturen und Symbolen anderer Länder und anderer Völker in Russland. Gerade das Fehlen von Empathie für jene, die neben dir wohnen, bildet die Grundlage für Kriege.

Wir fahren nach Jerewan oder Tiflis und erwarten, dass man dort mit uns Russisch spricht, wir erwarten denselben Service wie in Moskau und dass alle froh sein werden, dass wir kommen. Eigentlich verstehen wir diese Orte als ein Stück des großen Russlands. Genau das ist imperiales Denken. Wie alle Welt sehen kann, tut Russland nichts Gutes für seine Nachbarn. Wir brauchen viel Selbstreflexion darüber, was es heißt, Russe zu sein. Wir müssen jetzt sehr streng mit uns ins Gericht gehen.

Wir haben aufgehört, die Verantwortung dafür zu übernehmen, was in unserem Land passiert, und unser Land hat gerade den furchtbarsten Krieg seiner Geschichte entfesselt. Wir müssen diesen Fehler berichtigen. Wir müssen verstehen, dass es jetzt nichts wichtigeres gibt als Politik: Politik in dem Sinne, dass wir aktiv unser eigenes Leben gestalten, in einer Art Selbstverwaltung; Politik als die Bereitschaft, Verantwortung zu übernehmen, als Beunruhigung über das, was um uns herum passiert. All das ist die Grundlage, auf der wir eine neue russländische Gesellschaft aufbauen müssen. Die Flucht in die Bequemlichkeiten persönlicher Interessen und in ein Konsumverhalten unter autoritären Bedingungen haben zu schrecklichen Resultaten geführt. Das muss ein Ende haben und darf sich nie wiederholen.

Die Gemeinschaft der Aktivisten, Journalisten oder Forscher – und es ist mir eine Ehre, dass ich zu dieser Gemeinschaft gehöre – weiß, wie damit umzugehen ist. Wir sind bereit, mit vollem Einsatz zu arbeiten, durchzuhalten und zu hoffen. Die Veränderungen werden kommen, aber wir alle sollten uns gemeinsam darauf vorbereiten. Und dafür müssen wir in Freiheit sein.

Ich möchte die letzte Aussage des Videos etwas korrigieren, möge mir Alla das verzeihen, auch wenn wir den Text gemeinsam geschrieben haben, wenn ich mich recht erinnere. Mir wäre es lieber, die Aussage würde so lauten: „Die Macht hat den friedlichen Bürgern den Krieg erklärt und stellt im Moment eine große Bedrohung dar. Aber die wirkliche Macht – das sind wir, und wir werden das Unheil in jedem Falle beenden."

Sie flicken das Leichentuch, in das unsere Zukunft gehüllt ist

Andrej Piwowarow

15. Juli 2022

Andrej Piwowarow (*1981) ist ein Oppositionspolitiker aus Sankt Petersburg. 2015 leitete er den Wahlkampfstab des Politikers Ilja Jaschin[1] bei den Wahlen zum Stadtrat von Kostroma. Dieser wurde jedoch vor der Wahl von der Kandidatenliste gestrichen. Am 27. Juli wurde Piwowarow inhaftiert und am 25. September gegen Kaution freigelassen (die Wahlen hatten am 13. September stattgefunden). Am 10. Juni 2016 verurteilte ihn das Gericht in Kostroma zu einer Geldstrafe von 1,5 Millionen Rubel[2] und verbot ihm für eineinhalb Jahre, eine öffentliche Stelle anzunehmen.

Seit 2019 leitete Andrej Piwowarow die unabhängige Organisation *Offenes Russland*, die Michail Chodorkowski[3] gegründet hatte. Am 27. Mai 2021 löste sie sich auf, nachdem sie als „unerwünschte Organisation"* gelistet worden war. Dennoch wurde Andrej Piwowarow am 31. Mai 2021, als er sich in Sankt Petersburg bereits im Flugzeug nach Warschau befand, festgenommen; am 2. Juni 2021 wurde Haftbefehl erlassen.

Das Gericht Krasnodar, wo sich Andrej Piwowarow in Untersuchungshaft befand, verurteilte ihn am 15. Juli 2022 gemäß Artikel 284.1 („Aktivitäten einer ausländischen oder internationalen Nichtregierungsorganisation auf dem Territorium der Russischen Föderation, die auf dem Territorium der Russischen Föderation für unerwünscht erklärt wurde") zu einer vierjährigen Lagerhaft.

---

1 Zu Ilja Jaschin siehe dessen letztes Wort in diesem Buch.
2 Das entsprach zum Zeitpunkt der Verurteilung knapp 24.000 Euro.
3 Michail Chodorkowski (*1963) ist ein Unternehmer aus Moskau, seit 1997 Vorstandsvorsitzender des Ölkonzerns Yukos und 2001 Gründer der *Open Russia Foundation*. Von 2003 bis 2013 war er in Russland in Haft. Er lebt in London.

Am 1. August 2024 wurde Andrej Piwowarow im Rahmen eines internationalen Gefangenenaustauschs freigelassen und nach Deutschland gebracht.

Euer Ehren, während des Gerichtsprozesses haben meine Verteidiger und ich bewiesen, dass die ganze Anklage aus der Luft gegriffen ist. Es hat nie ein unerwünschtes ausländisches *Offenes Russland* gegeben, und meine Taten waren keinerlei Verbrechen. Das Verfahren gegen mich ist reine Rache für meine Ansichten und politischen Aktivitäten. Sogar nach den Normen des absolut verfassungsfeindlichen, repressiven Artikels 284.1 des Strafgesetzbuches der Russischen Föderation hätte ich freigesprochen werden müssen.

Die Ermittlung konnte keinerlei Beweise meiner Schuld erbringen. In den Unterlagen befinden sich die Aussagen eines korrupten NTV-Korrespondenten [4] und ein Auftrags-„Gutachten" einer Gruppe von Scharlatanen aus der Wissenschaft, die ihr Gewissen verkaufen und mit gefälschten Dissertationen Handel treiben. Das ist alles, was die Ermittlungen nach fast einem halben Jahr Arbeit und stundenlanger Überwachung ergeben haben. Dieses Verfahren gäbe es nicht, hätte es nicht einen politischen Befehl gegeben, mich zu isolieren.

Seit Jahren halten die Behörden in unserem Land die Gesellschaft davon ab, sich für Politik zu interessieren, sich am politischen Leben ihres Landes zu beteiligen. Die Menschen werden absichtlich und systematisch in Apathie, in einen schweren lethargischen Schlaf versetzt. Und diejenigen, die nicht einschlafen wollen, die Bürger bleiben wollen und eine eigene Meinung haben, werden mit Strafverfahren über-

---

4   NTV ist ein russländischer Fernsehsender.

zogen, eingesperrt, aus dem Land getrieben, eingeschüchtert. Die Leute in Epauletten, die von Karrieren und Auszeichnungen träumen, sind sich sicher, dass sie mit ihren Anklagen das Land verteidigen, aber in Wirklichkeit flicken sie das Leichentuch, in das unsere Zukunft gehüllt ist.

Das führt bis ins Paradoxe. Kürzlich hatte ich ein Gespräch mit einem Mitarbeiter der Untersuchungshaftanstalt. Er war überzeugt von allem, worüber ich sprach: von der Notwendigkeit von Machtwechseln, Rechenschaftspflicht, einer echten Gewaltenteilung und der Bekämpfung von Korruption. Aber gleichzeitig meinte er, dass nichts von ihm abhänge und dass es besser wäre, wenn ich mich aus der Politik heraushalten würde. Und dann drehte sich unser Gespräch um sein Leben. Er beklagte sich über sein Gehalt von 32.000 Rubel im Monat. Das ist hier in Krasnodar, einer ziemlich großen Stadt. Davon werden ständig Bußgelder abgezogen und Überstunden werden nicht bezahlt. Und seine Mutter arbeitet als Erzieherin in einem Kindergarten und bekommt 16.000 Rubel im Monat.[5]

Zwanzig Jahre lang wurde den Bürgern die Einsicht abgewöhnt, dass die Beteiligung an der Politik eine Garantie für die Einhaltung ihrer Rechte ist. Und das ist nicht für einige Leute im Fernsehen oder auf einer Kundgebung notwendig, sondern für sie selbst: freie Wahlen sind die wirksamste Methode, die Unterschlagung von Staatsgeldern zu verhindern; Versammlungsfreiheit und Kundgebungen sind ein Weg für die Menschen, sich zu vereinen, Solidarität zu zeigen und

---

5 Am 11. Juli 2022, als Andrej Piwowarow sein letztes Wort sprach, hatten 32.000 Rubel einen Wert von 487 Euro; 16.000 Rubel entsprachen 244 Euro.

ihre Interessen zu verteidigen; eine freie Presse garantiert transparentes Regierungshandeln, das Fehlen von Korruption und den Schutz der Menschen vor Ungerechtigkeit.

Die Machthaber wollen nicht, dass die Bürger erkennen, dass Entmündigung und Armut eine direkte Folge des Fehlens von Wettbewerb, Opposition, unabhängigen Medien und Gewerkschaften im Land sind. Wer wird für ihre Rechte eintreten? Wer kümmert sich um die Meinung der Menschen, wenn es keine Wahlen gibt? Jedweder Abgeordnete oder Beamte hängt nicht von der Effizienz seiner Arbeit ab, sondern von der Loyalität zu seinem Vorgesetzten.

Um die Menschen endgültig davon abzuhalten, sich für Politik zu interessieren, werden Andersdenkende strafrechtlich verfolgt – auch wenn ein paar Tausend politische Gefangene in einem Land mit vielen Millionen Einwohnern keine große Zahl zu sein scheinen. Wen kümmert es schon, was der Mann im Käfig sagt. Einer mehr oder weniger – eben noch einer mehr. „Jetzt verurteilen wir ihn schnell, der Ermittler bekommt die versprochenen Epauletten, und wir vergessen die Sache." Man könnte sogar meinen, der Staat kämpfe gegen eine kleine Gruppe von Außenseitern. Aber in Wirklichkeit ist es ein Kampf um die Zukunft. Die Menschen, die jetzt für den Fortschritt eintreten, für einen Machtwechsel, für die Beendigung der Kriegshandlungen, wollen ein besseres Los für unser Land, eine lebenswerte Zukunft. Und gerade das ist es, was man uns raubt. Je mehr Repression und je mehr Verbote es gibt, desto mehr wird uns ein Stück Zukunft genommen.

Ich kann Ihnen meine Arbeit leicht anhand eines Beispiels aus der jüngsten Vergangenheit erklären. Lassen Sie uns gedanklich zehn Jahre zurückgehen. Damals schien es vielen so, als könnten sich die Russen zumindest wirtschaftlich wohlfühlen. Vor zehn Jahren schenkten viele Menschen in Russland der wachsenden Welle von Strafverfahren gegen Oppositionelle, der gewaltsamen Niederschlagung von Kundgebungen, der exponentiell wachsenden Macht der Sicherheitsdienste und dem beispiellosen Wahlbetrug keine Beachtung. Was kümmert das die Bewohner des Öl- und Gasparadieses, das auf Kosten von Renditen existiert? Erinnern Sie sich noch an diese strahlende Welt der billigen Flugtickets ans Mittelmeer, der ausländischen Autos zu erschwinglichen Krediten, der Einkäufe bei Ikea, der Weltpremieren im Kino in Ihrer Straße? Erinnern Sie sich an die Zeit, als russländische Soldaten nicht auf fremdem Boden starben? Ihr dachtet, dass diese riesige, reiche, vergnügungsreiche Welt unveränderlich sei. Ihr dachtet, es würde immer so sein.

Schon damals haben wir gesagt, dass unser Land einen gefährlichen Weg eingeschlagen hat. Wir sagten, dass die Unabänderlichkeit und Unkontrollierbarkeit der Macht nicht nur zu Korruption und Zügellosigkeit führt. Wir sagten, dass Autoritarismus der Weg in den Abgrund ist. Unsere Wohnungen wurden durchsucht. Wir wurden verhaftet. Wir wurden mundtot gemacht. Aber das Problem ist, dass die Geschichte uns gezeigt hat, wie richtig wir lagen. Sie sehen, wo unser Land im Jahr 2022 steht. Sie alle verstehen jetzt, auf welchen Abgrund es zusteuert.

Was uns bevorsteht sind nur neue Verbote, Einschränkungen und Gefangenentransportfahrzeuge. [...] Das sind die Initiativen, die wir von Abgeordneten und Beamten zu hören bekommen. Könnten diese Initiativen, diese Verbote und

Knüppel vielleicht unerwünscht sein, wenn sie das Leben nur noch schlimmer machen? Genau darüber wollte ich von der Tribüne aus sprechen. Aber nicht im Gericht, sondern in der Duma. Genau deshalb wurde gegen mich ein Strafverfahren eingeleitet, indem man sich die Geschichte von der „unerwünschten" Organisation* ausdachte.

Die Wahrheit ist stärker, gerade sie fürchtet der Repressionsapparat. Deshalb bin ich jetzt hier, nachdem ich mehr als ein Jahr in der Untersuchungshaftanstalt Krasnodar verbracht habe. Und trotzdem glaube ich, dass sich die Situation in unserem Land ändern wird.

Ich liebe mein Land und bin der Meinung, dass es eine Zukunft verdient, um voranzukommen und nicht in die Vergangenheit zurückzufallen. Und auch wenn jetzt diejenigen, die für die Zukunft einstehen, mit Füßen getreten und eingesperrt werden, weiß ich, dass der Fortschritt nicht aufzuhalten ist, dass Veränderungen zum Besseren unvermeidlich sind, und dass sie nicht mehr weit entfernt sind. Wir sehen uns in unserem neuen, wünschenswerten und offenen Russland. Lasst uns aufbrechen!

Wladimir Putin, beenden Sie diesen Wahnsinn!

Ilja Jaschin

5. Dezember 2022

Ilja Jaschin (*1983) aus Moskau ist einer der bekanntesten Oppositionspolitiker in Russland. 2017 erhielten er und seine Mitstreiter eine Mehrheit im Abgeordnetenrat des Moskauer Bezirks Krasnoselsk. Die russländische Invasion der Ukraine kritisierte Jaschin entschieden. Am 27. Juni 2022 wurde er in Moskau festgenommen und wegen Widerstands gegen Mitarbeiter der Sicherheitskräfte zu 15 Tagen Arrest verurteilt. Nach Ablauf dieser Frist wurde Jaschin jedoch nicht freigelassen, sondern nach einer Hausdurchsuchung am 13. Juli 2022 in Untersuchungshaft genommen. Anlass dafür war ein auf *Youtube* veröffentlichter Auftritt des Politikers vom 7. April 2022, bei dem er über die Gräueltaten russländischer Truppen im ukrainischen Butscha berichtete. Am 9. Dezember 2022 verurteilte ihn das Meschtschanskij-Bezirksgericht in Moskau gemäß Artikel 207.3-2e („Verbreitung von Falschnachrichten über die russländische Armee, motiviert durch Hass") zu achteinhalb Jahren Lagerhaft.
Am 1. August 2024 wurde Ilja Jaschin im Rahmen eines internationalen Gefangenenaustauschs freigelassen und nach Deutschland gebracht.

Liebe Zuhörer!

Sie werden mir zustimmen, dass die Formulierung „Das letzte Wort des Angeklagten" sehr düster klingt. Es ist, als würde mir nach meinem Plädoyer vor Gericht der Mund zugenäht und ich müsste für immer verstummen. Und genau darum geht es, das ist doch allen klar. Ich werde von der Gesellschaft isoliert und ins Gefängnis gesteckt, weil man mich zum Schweigen bringen will. Unser Parlament ist schon lange kein Ort der Debatte mehr, und so soll ganz Russland wortlos die Willkür des Staates hinnehmen.

Eines verspreche ich: Solange ich lebe, werde ich das niemals akzeptieren. Meine Pflicht ist es, die Wahrheit zu sagen. Ich habe sie bei Kundgebungen, in den Fernsehstudios und im Parlament gesagt. Auch hinter Gittern werde ich der Wahrheit treu bleiben. Denn, um einen Klassiker zu zitieren: „Die Lüge ist die Religion der Sklaven. Die Wahrheit ist der Gott des freien Menschen".[1]

Zu Beginn meiner Ausführungen möchte ich mich an das Gericht wenden. Euer Ehren, ich bin dankbar für die Art und Weise, wie Sie diesen Gerichtsprozess geführt haben. Sie haben die Verhandlung öffentlich durchgeführt, Sie haben sie für die Presse und für die Öffentlichkeit zugänglich gemacht. Sie haben mich nicht daran gehindert, frei zu sprechen, und meine Anwälte konnten ungestört ihre Arbeit verrichten. Eigentlich ist das selbstverständlich: So sollte ein Gerichtsverfahren in jedem normalen Land ablaufen. Auf der verbrannten Erde der russländischen Justiz ist dieser Prozess zum Leben erwacht. Und glauben Sie mir: Ich weiß das zu schätzen.

Ich will Ihnen ganz offen sagen, Oxana Iwanowna: Sie selbst haben bei mir einen ungewöhnlichen Eindruck hinterlassen. Ich habe bemerkt, mit welchem Interesse Sie dem Staatsanwalt und den Verteidigern zuhören, wie Sie auf meine Worte reagieren, wie Sie zweifeln und nachdenken. Für die Staatsmacht sind Sie nur ein Rädchen im System, das

---

[1] Zitat aus Maxim Gorkis Drama „Nachtasyl – Szenen aus der Tiefe", das 1902 in Moskau uraufgeführt wurde. Vollständig heißt der erste Satz: „Die Lüge ist die Religion der Sklaven und der Mächtigen."

ohne zu murren seinen Dienst zu verrichten hat. Aber ich sehe eine lebhafte Frau vor mir, die abends ihre Robe auszieht und in denselben Laden geht, in dem meine Mutter ihren Quark kauft. Und ich zweifle nicht daran, dass Sie und ich die gleichen Sorgen haben. Ich bin sicher, dass dieser Krieg Sie genauso schockiert wie mich und dass Sie dafür beten, dass dieser Albtraum so schnell wie möglich ein Ende findet.

Wissen Sie, Oxana Iwanowna, ich habe ein Prinzip, dem ich seit vielen Jahren treu bin: Tu, was du tun musst, und komme, was da kommen mag. Als die militärische Auseinandersetzung begann, habe ich keine Sekunde daran gezweifelt, was ich tun muss. Ich sehe mich dazu verpflichtet, in Russland zu sein, meine Pflicht ist es, laut und deutlich die Wahrheit zu sagen, ich muss mit aller Kraft das Blutvergießen stoppen. Es schmerzt mich, wenn ich daran denke, wie viele Menschen in diesem Krieg schon gestorben sind, wie viele Menschen verstümmelt wurden, wie viele Familien ihr Dach über dem Kopf eingebüßt haben. Das darf uns nicht kalt lassen. Und ich schwöre, dass ich nichts bereue. Es ist besser, als ehrlicher Mensch zehn Jahre hinter Gittern zu verbringen, als sich in stiller Scham für das Blut zu grämen, das unser Staat vergossen hat.

Natürlich, Euer Ehren, erwarte ich hier kein Wunder. Sie wissen, dass ich unschuldig bin, und ich kenne den Druck, den dieses System auf Sie ausübt. Und natürlich werden Sie mich verurteilen müssen. Aber ich werde Ihnen nicht böse sein und verdamme Sie nicht. Aber tun Sie Ihr Bestes, um Ungerechtes zu verhindern. Denken Sie daran, dass nicht nur mein eigenes Schicksal von Ihrer Entscheidung abhängt. Sie verurteilen damit jenen Teil unserer Gesellschaft, der friedlich und zivilisiert leben will. Das ist jener Teil der Gesellschaft, dem Sie sich, Oxana Iwanowna, vielleicht auch zurechnen.

Ich möchte mich an dieser Stelle auch an den Präsidenten Russlands Wladimir Putin wenden. An die Person, die für dieses Massaker verantwortlich ist, die das Gesetz über die „Militärzensur" unterzeichnet hat und die will, dass ich im Gefängnis sitze.

Wladimir Wladimirowitsch! Wenn Sie sich die Folgen dieses ungeheuerlichen Krieges ansehen, werden Sie vielleicht verstehen, welch schweren Fehler Sie am 24. Februar[2] begangen haben. Unsere Armee wird nicht mit Blumen begrüßt. Man nennt uns Henker und Besatzer. Die Worte „Tod" und „Zerstörung" sind jetzt fest mit Ihrem Namen verbunden.

Sie haben furchtbares Leid über das ukrainische Volk gebracht, das uns wahrscheinlich nie verzeihen wird. Aber Sie führen nicht nur Krieg gegen die Ukrainer, sondern auch gegen die Bürger Russlands.

Sie haben Hunderttausende Russen in die Hölle des Krieges geschickt, von denen viele nicht mehr nach Hause zurückkehren werden, weil sie zu Asche verbrannt wurden. Viele sind zu Krüppeln geworden und werden lebenslang traumatisiert sein von dem, was sie dort gesehen und erlebt haben. Für Sie ist das nur eine bloße Statistik der Verluste, Zahlen in Spalten. Aber für viele Familien ist es der

---

2 24. Februar 2022: Beginn des umfassenden russländischen Angriffs auf die gesamte Ukraine.

unerträgliche Schmerz über den Verlust ihrer Ehemänner, Väter und Söhne.

Sie verbannen Russen aus ihrer Heimat. Hunderttausende unserer Mitbürger haben ihre Heimat verlassen, weil sie nicht töten und nicht getötet werden wollen. Die Menschen fliehen vor Ihnen, Herr Präsident. Können Sie das nicht verstehen?

Sie zerstören die Grundlagen unserer wirtschaftlichen Sicherheit. Indem Sie die Industrie auf Kriegswirtschaft umstellen, verdammen Sie unser Land zum Rückschritt. Es geht wieder nur um Panzer und Waffen, und unsere Lebenswirklichkeit ist Armut und Gesetzlosigkeit. Haben Sie schon wieder vergessen, dass diese Politik unser Land schon einmal zum Zusammenbruch geführt hat?

Selbst wenn meine Worte wie ein Schrei ins Leere verhallen, fordere ich Sie auf, Wladimir Wladimirowitsch, diesen Wahnsinn sofort zu beenden. Sie müssen einsehen, dass Ihre Ukraine-Politik ein großer Fehler war. Sie müssen unsere Truppen aus der Ukraine abziehen und eine diplomatische Verhandlungslösung anstreben. Vergessen wir nicht, dass jeder neue Kriegstag neue Opfer bedeutet. Es reicht.

Abschließend möchte ich mich an die Menschen wenden, die diesen Gerichtsprozess verfolgt und mich in all den Monaten unterstützt haben und die mit Unbehagen auf das Urteil warten. Freunde, wie auch immer das Urteil des Gerichts ausfällt, wie hart es auch sein mag, es darf Euch nicht brechen. Ich verstehe, wie schwer es für Euch jetzt ist, wie sehr Euch das Gefühl der Ohnmacht und der Hoffnungslosigkeit quält. Aber Ihr dürft nicht aufgeben.

Bitte verzweifelt nicht und vergesst nicht, dass dies unser Land ist. Es lohnt sich, dafür zu kämpfen. Seid mutig, gebt nicht auf im Angesicht des Bösen und wehrt Euch. Seid standhaft und setzt Euch für Eure Straße und für Eure Stadt ein. Und vor allem: Steht füreinander ein. Wir sind viel mehr, als Ihr denkt, und wir sind eine große Bewegung.

Macht Euch keine Sorgen um mich. Ich verspreche, dass ich alle beschwerlichen Herausforderungen meistern werde, dass ich mich nicht beklagen werde und dass ich diesen Weg mit Würde gehen werde. Versprecht es mir, bleibt optimistisch und verlernt nicht zu lächeln. Denn genau dann haben die anderen gewonnen, wenn wir uns nicht mehr unseres Lebens erfreuen können. Glaubt mir, Russland wird frei sein und glücklich.

Ich rufe zur Rückgabe der besetzten ukrainischen Gebiete auf

Andrej Birjukow

23. Januar 2023

Andrej Birjukow (*1987) ist ein Physiker, Werbetexter und Aktivist aus Woronesch. In dem sozialen Netzwerk *VKontakte* verbreitete er Texte, in denen er sich zu der Selbsttötung des Anarchisten Michail Schlobizki in Archangelsk[1] und zur russländischen Intervention in der Ukraine äußerte.
Am 28. Juli 2022 wurde seine Wohnung durchsucht und er verhaftet. Dass er sich um seine hilfsbedürftigen Verwandten – seine Mutter, seine Großmutter und seinen Onkel – gekümmert hatte, hielt das Militärgericht des zweiten westlichen Bezirks nicht davon ab, Andrej Birjukow am 9. November 2022 gemäß Artikel 205.2-2 („Öffentliche Rechtfertigung von Terrorismus unter Verwendung des Internets") und Artikel 280.2 („Öffentliche Aufrufe zu extremistischen Aktivitäten unter Verwendung des Internets") zu dreieinhalb Jahren Lagerhaft zu verurteilen. Am 23. Januar 2023 bestätigte das militärische Berufungsgericht in Woronesch das Urteil.
Aufgrund seines dort gehaltenen letzten Wortes (insbesondere der Rechtfertigung der ukrainischen Terroranschläge auf die russländische Krymbrücke) wurde Andrej Birjukow erneut angeklagt.[2] Am 18. April 2024 verurteilte ihn das Militärgericht des zweiten westlichen Bezirks gemäß Artikel 205.2-1 („Öffentliche Rechtfertigung

---

1   Zu Michail Schlobizki vgl. die Einleitung zum letzten Wort von Swetlana Prokowjewa in diesem Buch. Schlobizki hatte im Internet eine Nachricht zur Motivation für seinen Sprengstoffanschlag auf das FSB*-Gebäude hinterlassen: „Sie fingieren Prozesse und foltern Menschen."
2   Dieses letzte Wort liegt nur als russische *Youtube*-Fassung vor, in der zum einen auch aus technischen Gründen nicht alles verständlich ist, zum anderen zahlreiche Aussagen mit einem Piepton überdeckt sind (im Text mit [...] gekennzeichnet), um Aussagen unkenntlich zu machen, die entweder gegen das Verbot sogenannter obszöner Sprache verstoßen oder politisch zu brisant sind.

von Terrorismus unter Verwendung des Internets") und Artikel 282-1 („Handlungen, die darauf abzielen, Hass gegen die soziale Gruppe ‚Vertreter der Behörden' zu schüren") zu weiteren vier Jahren Haft und unter Zusammenziehung beider Strafen zu sechs Jahren Haft.

Als ich die Menschen betrachtete, die am Prozess beteiligt waren – Richter, Staatsanwälte – dachte ich darüber nach, was die Gesellschaft in Zukunft mit ihnen tun muss. Ich hoffe, dass die Richter die Situation jetzt verstehen. Wir stehen an der Schwelle des Zusammenbruchs des faschistischen politischen Regimes, das in der Russischen Föderation etabliert wurde. Es dauert nicht mehr lange, vielleicht Monate, vielleicht ein Jahr, aber wahrscheinlich nicht viel länger. Ich hoffe, dass der Staatsanwalt Rodownitschenko, der bei der ersten Verhandlung anwesend war und sich geweigert hat, bei der jetzigen Verhandlung zu erscheinen, dies erkennt – ein Mann mit einem leeren Blick, der mich aus ideologischem Hass verfolgt, während er gleichzeitig vom FSB* mit irgendeinem *Kompromat*[3] unter Druck gesetzt wird.

Im Wesentlichen halte ich mich nicht für schuldig, da ich den Begriff der Schuld in erster Linie für einen philosophischen Begriff halte. Ich gebe zu, dass ich das getan habe, was mir vorgeworfen wird, aber ich sehe keine [...] philosophische Schuld bei mir. Mein Schreiben von Kommentaren wurde durch ein ausgeprägtes Gefühl [...] und Hass auf die Aktivitäten des faschistischen Staates Russische Föderation ausgelöst. Weder im Jahr 2006 noch im Jahr 2010, als es noch keine [*unverständlich*] gab, habe ich [*unverständlich*] Kom-

---

3 *Kompromat* ist ein Akronym aus dem Jargon des sowjetischen Geheimdienstes KGB*. Es bezeichnet kompromittierendes Material, welches der Geheimdienst über eine Person sammelt, um sie zu diskreditieren oder zu erpressen.

mentare hinterlassen. Die Paragrafen,[4] die meiner Verfolgung zugrunde liegen, sind erst kürzlich eingeführt worden. Vor zehn Jahren gab es kaum Verurteilungen nach diesen Gesetzen. Die Praxis der Strafverfolgung nach diesen Paragrafen ist mir bekannt. Vor zehn Jahren gab es kaum Verurteilungen oder die Urteile waren äußerst mild und es gab Bewährungsstrafen. Jetzt hat sich die Anwendung dieser Gesetze erheblich ausgeweitet, weil der Staat politische Gegner verfolgen muss. Seit zehn Jahren gibt es in der Russischen Föderation Terror, der gegen westlich orientierte Menschen gerichtet ist. Der Grund für den Beginn dieses Terrors ist die persönliche Rache von Präsident Putin für die Proteste 2011 und 2012, bei denen die Mittelschicht gegen seine weitere Machtausübung protestierte.

Dies geht auch mit ideologischer Aufladung einher. Auf staatlicher Ebene wird alles Anti-intellektuelle, Geistlose, Kopflose, Graue, Verantwortungslose, Leere gefördert. Einfach das, was man als „Watte" bezeichnet. Alles Eigenartige, Schöpferische, Energievolle, Lebensfrohe, die so genannte westliche Kultur wird dabei unterdrückt. All dies geschieht unter der Ägide des FSB*, einer banditenhaften terroristischen Organisation, die sich unverhältnismäßig viel Macht im Staat angeeignet hat und jeglichen politischen Terror anführt. Der Staat [unverständlich] intransparent mit der sogenannten Ideologie der sogenannten „russischen Welt",[5]

---

4   „Paragraf" wird hier synonym zu dem sonst in diesem Buch verwendeten Begriff „Artikel" aus dem Strafgesetzbuch verwendet.
5   „Russkij mir" (dt. „russische Welt") ist eine in den 1990er Jahren staatstragend gewordene Konzeption der Sammlung alles Russischen. Die „russische Welt" umfasst demnach alle Russen bzw. alle Russischsprechenden. Damit geht der Anspruch einher, Belarus und die Ukraine würden zu Russland gehören, und baltische Staaten mit russisch-

[*unverständlich*] einer faschistischen Ideologie. Jetzt sind die Anhänger dieser Ideologie – die so genannten „Watniki"⁶ – [*unverständlich*], aber plötzlich stellt sich heraus, dass sie ohne westliche Kreativität zu nichts fähig sind, zu keinen Errungenschaften. Sie können nur toben, in Hysterie verfallen und in unnötigen Kriegen sterben, was sie derzeit aktiv tun. Aber bald werden sie damit aufhören, nachdem sie im derzeit andauernden Krieg in der Ukraine eine Niederlage erlitten haben werden. Ich warte darauf, dass das antiwestliche Toben aufhört und die Ukraine oder Amerika hierher, wo ich mich befinde, kommen werden, sei es politisch oder durch Einflussnahme. Und sie werden Ordnung schaffen, den gesunden Menschenverstand, Edelsinn und Logik wiederherstellen. In diesem Fall werde ich wie viele andere politisch Verfolgte amnestiert werden. Und diejenigen, die sich [*unverständlich*] in Russland zu erkennen gegeben haben, werden verfolgt, sozial unterdrückt, gesellschaftlich diskreditiert.

Staatsanwalt Rodownitschenko, der am erstinstanzlichen Gerichtsverfahren beteiligt war, um mich aus ideologischer Feindseligkeit hartnäckig zu verfolgen, ist offenbar auch an anderen politischen Fällen beteiligt. Höchstwahrscheinlich wird er nicht mehr im Rechtswesen tätig sein. Er wird auch anderweitig verfolgt werden. Was die anwesenden Richter betrifft, so weiß ich nicht, was ich sagen kann, da mir nicht bekannt ist, ob sie an anderen politischen Fällen

---

sprachiger Bevölkerung müssten durch russische Politik beeinflusst werden. Die Angriffe auf das Territorium der Ukraine seit 2014 und 2022 werden ebenfalls mit dieser russisch-imperialen Idee gerechtfertigt. Sie kann als außenpolitische Doktrin des gegenwärtigen Russlands verstanden werden.

6   *Watniki* ist eine pejorative Bezeichnung von Befürwortern der Politik der gegenwärtigen russländischen Regierung.

beteiligt sind, aber ich gehe davon aus, dass sie es sind. Staatsanwalt Suchorukow hat anscheinend auch keine klaren Perspektiven als Jurist, weil seine Argumentation [*unverständlich*] aus ideologischer Feindseligkeit besteht. Diejenigen, die mich verurteilen, könnten damit sich selbst verurteilen, indem sie sich als Mitwirkende des faschistischen terroristischen Regimes zu späterer Verfolgung verdammen. Es ist nicht schwer, Listen solcher Personen zu erstellen, und in Zukunft werden sie sozialem Druck ausgesetzt sein.

Ich wiederum stehe bereits auf der Liste der politisch Verfolgten,[7] daher wurden Artikel über mich veröffentlicht, daher wird jeder, der an meinem Fall beteiligt ist, besonders sorgfältig betrachtet werden. Neben sozialem Druck, Diskreditierung, Disqualifikation denke ich, dass solche Personen [...] der Staatsanwalt [...], seine nicht mehr junge Mutter, seine Frau, seine Kinder wissen sollten, womit ihr Verwandter sich beschäftigt hat.

Der Richter Bakin, der [*unverständlich*] das erstinstanzliche Verfahren leitete, hat sich offensichtlich die Karriere verdorben [*unverständlich*]. Über ihn wurde vor kurzem bekannt, dass er in andere politisch motivierte Verfahren involviert war. Er ist in mehrere politische Fälle verwickelt, hat seine Karriere eindeutig ruiniert und wird in Zukunft kein Richter mehr sein können. Er wird sich nicht mehr leisten können, sich im Barbershop einen gepflegten Bart machen zu lassen und während der gesamten Gerichtsverhandlung vor sich hinzudösen.

---

7 *Memorial* sieht in der Verfolgung von Andrej Birjukow „Anzeichen politischer Motive und ungesetzlichen Freiheitsentzugs".

Ich sage noch etwas über den NKWD*-Ermittler – NKWD-FSB*, wie ich es sehe – Anton Sidnin, Anton Wladislawowitsch Sidnin, wie ihn seine Kollegen nennen, [*unverständlich*] das ist nur ein Zitat. Der NKWD-Ermittler Anton Sidnin hat vermutlich auch seine Zukunft ruiniert. Neben der Tatsache, dass er in meinem Fall schuldig ist, hat er auch in der Ermittlungsabteilung von Danila Wasiljewitsch Malzew mitgewirkt, die für viele Misshandlungen in politischen Fällen verantwortlich ist: Alexander Dimitrijenko, Achmed Chajdarow,[8] Alexander Schewtschenko, Dilowar Mirsojew (?) – das sind die Fälle, die ich jetzt nennen kann. Natürlich gibt es noch weitere Fälle, die von der Ermittlungsabteilung Malzews unter Beteiligung von Anton Sidnin eingeleitet wurden.

Der Putin-Staat erlebt derzeit die letzten Monate seiner Existenz. Ich bin froh, dass ich die Gesetze, nach denen man mich verurteilt, nicht als Gesetze anerkenne, und Putins faschistischen Staat nicht als rechtmäßig ansehe. Putins faschistischen Staat halte ich nicht für legitim, sondern für eine durchgeknallte, faschistische Tankstelle, nichts weiter. Zum Beispiel hat dieser Staat Vergeltungsschläge gegen friedliche Städte in der Ukraine ausgeführt, als Rache für absolut notwendige und gerechte Sabotageakte auf der Brücke, die von den Besatzern errichtet wurde.[9] Jegliche Aktionen gegen

---

8   Achmed Chajdarow (*1995) ist tadschikischer Staatsbürger und arbeitete nach seinem Studium in Woronesch als Taxifahrer. Im November 2022 wurde er dort gemäß Artikel 205.1-1.1 („Anwerbung für terroristische Aktivitäten") zu acht Jahren Haft verurteilt.
9   Am 18. März 2014 annektierte Russland völkerrechtswidrig die ukrainische Halbinsel Krym. Um eine Verbindung zum russländischen Festland herzustellen, bauten die Besatzer eine 19 Kilometer lange Brücke. Diese hat enorme strategische Bedeutung, zumal die russ-

diese Brücke sind keine Terrorakte, sondern eine Notwendigkeit. Daher kann ich diese nicht nur passiv rechtfertigen, sondern ich propagiere auch aktiv jegliche Terrorakte gegen die staatlichen Militäranlagen der Russischen Föderation.

An dieser Stelle schaltet sich der Verteidiger ein. Er versucht, Andrej Birjukow davon abzuhalten, sich um Kopf und Kragen zu reden. Die Berufungsverhandlung wird für eine Unterredung zwischen Anwalt und Verurteiltem unterbrochen. Andrej Birjukow erklärt seinem Verteidiger, er wisse, dass seine Worte ein neues Strafverfahren nach sich ziehen können. Nach der Unterbrechung fährt Birjukow fort:

In der Russischen Föderation gelte ich als Terrorist, obwohl ich keine reale Gewalttat verübt habe. Gleichzeitig wird der FSB*, dessen Mitarbeiter während meiner Verhaftung eine Reihe von realen Gewaltakten gegen mich begangen haben, einschließlich Todesdrohungen und Androhung außergerichtlicher Repressalien, nicht als terroristische Organisation betrachtet.

Gut, ich fahre fort an der Stelle, an der man mich unterbrochen hat, als ich über die russländischen Streitkräfte sprach. Im April bin ich wider Willen auf sie gestoßen, als ich in der Nähe des russischen Militärflugplatzes „Baltimor" in Woronesch festgenommen wurde. Der Sicherheitsoffizier, der mit mir sprach, trug an seiner Uniform einen Aufnäher mit der Aufschrift „Wer keinen Verstand hat, ist ein

---

ländischen Besatzer die Krym zum Aufmarschgebiet und Logistikzentrum für ihre Kriegsführung gegen die Ukraine ausgebaut haben. Die Krymbrücke wurde im Mai 2018 für den Straßenverkehr und im Dezember 2019 für den Bahnverkehr freigegeben. Im Oktober 2022 und im Juli 2023 wurde sie durch Angriffe beschädigt.

Krüppel". Das zeigt, dass selbst das russländische Militär erkennt, auf welchem moralischen Niveau es sich bewegt.

Da ich das Wesentliche verstanden habe, habe ich [...]. In Übereinstimmung mit den Gesetzen der Russischen Föderation bin ich der Meinung, dass [...]. Wenn Sie wollen, können Sie ein Strafverfahren nach dem entsprechenden Artikel gegen mich einleiten. Ich rufe auch zu Massenprotesten auf, zu [...]. Ich rufe dazu auf, [...] die besetzten Gebiete der Ukraine zurückzugeben: die Gebiete Cherson, Saporischschja, Luhansk, Donezk und die Halbinsel Krym [...]. Ich bitte Sie, mich dafür in einem Strafverfahren gemäß dem entsprechenden Artikel zu verfolgen.

Ich möchte die Gelegenheit nutzen, um das viel diskutierte Thema des Vergleichs zwischen dem Stalin-Regime und dem Nazi-Regime anzusprechen. Ich setze diese beiden Regime nicht gleich, weil ich glaube, dass das Stalin-Regime, das als faschistisches Regime betrachtet werden kann [*unverständlich*], aufgrund seiner langfristigen Auswirkungen auf die UdSSR und Russland weitaus schlimmer war als das Nazi-Regime. Das Regime unter Stalin setzte seine Bürger mit maximaler Brutalität der Besetzung und dem Krieg aus, provozierte massenhaftes Sterben.

Der Richter ermahnt Andrej Birjukow: „Andrej Jurjewitsch, ich möchte Sie darauf hinweisen, dass Sie das letzte Wort haben, um sich zum Inhalt der Anklage und zum gefällten Urteil zu äußern, und zu keinem anderen Zweck. Bitte bleiben Sie innerhalb dieses Rahmens." Birjukow fährt fort:

Das ist relevant für meinen Standpunkt, weil [*unverständlich*] weder das neostalinistische Regime, noch das neofaschistische Regime [*unverständlich*].

Ich möchte auch anmerken, dass ich mich mit verschiedenen Formen von Antikriegsagitation beschäftigt habe. Ich habe Wände bemalt, Flugblätter [...] auf Autos mit dem Buchstaben Z geklebt. All diese Episoden werden nicht erwähnt, ich erwähne sie jetzt. Wenn Sie möchten, können Sie auch dafür entsprechende Strafverfahren einleiten und meine Strafe verlängern. [*unverständlich*] von FSB*-Offizieren, einer Organisation von Banditen und Terroristen, die zu einem Sumpf für soziopathische und in ihrem Verhalten ungesunden Menschen wurde. Ich bin fertig.

Ich bereue nicht nur nichts – ich bin stolz darauf

Wladimir Kara-Mursa

10. April 2023

Wladimir Kara-Mursa (*1981) ist ein Politiker, Journalist, Historiker und Filmemacher. Jahrelang stand er in Russland unter geheimdienstlicher Beobachtung; 2015 und 2017 wurde er Opfer von Giftanschlägen.
Am 4. April 2022 wurde Wladimir Kara-Mursa verhaftet. Am 17. April 2023 verurteilte ihn das Moskauer Stadtgericht nach Artikel 207.3 („Verbreitung von Falschnachrichten über die russländische Armee"), Artikel 275 („Staatsverrat") und Artikel 284.1 („Aktivitäten einer ausländischen oder internationalen Nichtregierungsorganisation auf dem Territorium der Russischen Föderation, die auf dem Territorium der Russischen Föderation für unerwünscht* erklärt wurde", wegen seiner Tätigkeit für *Offenes Russland*[1] zu 25 Jahren Lagerhaft unter strengen Haftbedingungen.
In der Haft verschlechterte sich sein Gesundheitszustand zusehends. Am 1. August 2024 wurde Wladimir Kara-Mursa im Rahmen eines internationalen Gefangenenaustauschs freigelassen und nach Deutschland gebracht.

Ich war überzeugt, dass mich nach zwei Jahrzehnten in der russländischen Politik, nach allem, was ich gesehen und überlebt habe, nichts mehr überraschen kann. Ich muss zugeben, ich habe mich geirrt. Es hat mich doch überrascht, dass der gegen mich geführte Prozess im Jahr 2023 in Sachen Intransparenz und Diskriminierung der Verteidigung die Prozesse gegen die sowjetischen Dissidenten in den 1960er und

---

[1] *Offenes Russland* wurde 2001 als zivilgesellschaftliche Organisation u.a. von Michail Chodorkowski gegründet. 2019 bis 2021 war Andrej Piwowarow ihr Leiter, dessen letztes Wort sich ebenfalls in diesem Buch befindet.

1970er Jahren noch übertroffen hat. Ganz zu schweigen von der geforderten Strafe und der Bezeichnung meiner Person als „Feind". Das ist nicht einmal der Stil der 1970er Jahre, sondern schon der 1930er Jahre. Als Historiker gibt mir dies Anlass zu einigen Überlegungen.

Während der Befragung des Angeklagten erinnerte mich der Vorsitzende daran, dass es als mildernder Umstand gewertet werde, wenn man „seine Tat bereue". Es gibt derzeit wenig Erheiterndes um mich herum, aber darüber musste ich doch lächeln.

Verbrecher müssen ihre Taten bereuen. Ich bin jedoch wegen meiner politischen Ansichten im Gefängnis. Weil ich mich gegen den Krieg in der Ukraine ausgesprochen habe. Weil ich viele Jahre gegen die Diktatur Putins gekämpft habe. Weil ich dazu beigetragen habe, dass auf der Basis des Magnizki-Gesetzes[2] internationale Sanktionen gegen jene verhängt wurden, die Menschenrechte verletzt haben.

Ich bereue nicht nur nichts davon – ich bin stolz darauf. Ich bin stolz darauf, dass Boris Nemzow[3] mich zur Politik gebracht hat. Ich hoffe, dass er sich nicht für mich schämt. Ich unterschreibe jedes Wort, das ich gesagt habe und das mir in

---

2 Das Magnizki-Gesetz wurde 2012 in den USA verabschiedet, um russische Beamte zu sanktionieren, die für den Tod des russischen Steuerberaters Sergej Magnizki 2009 in einem Moskauer Gefängnis verantwortlich waren. 2016 wurde das globale Magnizki-Gesetz verabschiedet, nach dem die US-Regierung Menschenrechtsverletzer weltweit bestrafen, ihr Vermögen einfrieren oder ihnen die Einreise in die USA verweigern kann. Inzwischen haben weitere Staaten ähnliche Gesetze erlassen.
3 Boris Nemzow (1959-2015) war ein liberaler Politiker. 1991-97 war er Gouverneur des Gebiets Nischni Nowgorod. Entschieden kritisierte er Putin und dessen Politik. In der Nacht vom 27. auf den 28. Februar 2015 wurde er auf der Großen Moskwa-Brücke in unmittelbarer Nähe des Kreml erschossen.

der Anklageschrift zur Last gelegt wird. Der einzige Vorwurf, den ich mir mache: Dass es mir in den Jahren meiner politischen Tätigkeit nicht gelungen ist, ausreichend Menschen in Russland und Politiker demokratischer Staaten davon zu überzeugen, wie gefährlich das Regime im Kreml für Russland und die Welt ist. Heute sehen das alle, doch zu welch schrecklichem Preis, zum Preis des Krieges.

Bei ihren letzten Worten bitten die Angeklagten gewöhnlich um Freispruch. Wer kein Verbrechen begangen hat, kann kein anderes legales Urteil als Freispruch erwarten. Aber ich bitte dieses Gericht um nichts. Ich kenne mein Urteil. Ich kannte es bereits vor einem Jahr, als ich im Rückspiegel die meinem Auto hinterherrennenden Männer in schwarzen Uniformen und schwarzen Masken sah. Dies ist der Preis für den, der in Russland nicht schweigt.

Aber ich weiß auch, dass der Tag kommt, an dem sich die Finsternis über unserem Land lichten wird. An dem Schwarzes schwarz genannt wird und Weißes weiß. An dem offiziell anerkannt wird, dass zwei mal zwei doch vier ist. An dem der Krieg Krieg genannt wird und der Usurpator ein Usurpator und an dem diejenigen zu Verbrechern erklärt werden, die diesen Krieg entfacht und entfesselt haben – und nicht jene, die versucht haben, ihn zu beenden. Dieser Tag wird ebenso sicher kommen, wie der Frühling auch den kältesten Winter ablöst. Dann wird unsere Gesellschaft die Augen öffnen und mit Schrecken sehen, welche furchtbaren Verbrechen in ihrem Namen begangen wurden.

Mit dieser Erkenntnis und dem Nachdenken darüber wird der lange und schwere, aber für uns alle so wichtige Weg der Gesundung und des Wiederaufbaus Russlands, seiner Rückkehr in die Gemeinschaft der zivilisierten Staaten beginnen.

Selbst heute, selbst in der uns umgebenden Finsternis, selbst in diesem Käfig, in dem ich sitze, liebe ich mein Land und glaube an seine Menschen. Ich glaube, dass wir diesen Weg bewältigen können.

Putin bedeutet Krieg –
und das betrifft wirklich jeden

Lilia Tschanyschewa

29. Mai 2023

Lilia Tschanyschewa (*1982) ist eine Politikerin aus Ufa, der Hauptstadt der russländischen Teilrepublik Baschkortostan. Seit 2017 leitete sie dort die damals neu gegründete Regionalorganisation der *Stiftung zur Korruptionsbekämpfung* von Alexej Nawalny. Die Stiftung wurde im April 2021 als extremistisch* eingestuft und aufgelöst. Aufgrund ihrer vormaligen Arbeit dort wurde Lilia Tschanyschewa am 9. November 2021 verhaftet und gemäß Artikel 282.1-1 („Gründung einer extremistischen Vereinigung") angeklagt. Am 29. Mai 2023 sprach sie ihr letztes Wort, am 14. Juni 2023 verurteilte das Kirowski-Bezirksgericht in Ufa sie zu siebeneinhalb Jahren Lagerhaft sowie zur Zahlung von 400.000 Rubel.[1] Am 9. April 2024 erhöhte das Oberste Gericht von Baschkortostan die Haftstrafe auf neuneinhalb Jahre.

Am 1. August 2024 wurde Lilia Tschanyschewa im Rahmen eines internationalen Gefangenenaustauschs freigelassen und nach Deutschland gebracht.

Das Strafverfahren gegen mich ist politisch motiviert. Daher fühle ich mich nicht als Angeklagte. Ich bin Politikerin, eine Frau, die von männlichen Gegnern verfolgt wird. Sie heißen Putin und Tschabirow.[2]

Politikerin ist ein Beruf. Mich für schuldig zu befinden ist das gleiche, wie eine Lehrerin dafür zu verurteilen, dass sie Lehrerin ist und eine Ärztin, weil sie Ärztin ist. In der

---

1   Das entsprach zum Zeitpunkt der Verurteilung knapp 4.500 Euro.
2   Radij Tschabirow (*1964) wurde im Oktober 2018 zum kommissarischen Oberhaupt der Republik Baschkortostan im Föderationskreis Wolga ernannt und ein Jahr später bei Wahlen im Amt bestätigt. Zuvor arbeitete er viele Jahre in der Moskauer Präsidialverwaltung.

Politik bin ich nicht allein. Es gibt wie gesagt Gegner. Um sich ein Urteil über meine Tätigkeit zu bilden, muss man den Kontext kennen. Hier ist er:

In Baschkortostan begann unter Tschabirow der Angriff auf Menschen, die sich für Bürgerrechte und Umweltschutz einsetzen, die Organisation *Baschkort*[3] wurde für extremistisch* erklärt, der Politiker Ajrat Dilmuchametow[4] ins Gefängnis gesteckt, ebenso der Vorsitzende der Gewerkschaft der Angestellten im Gesundheitswesen Anton Orlow[5]; der Rechtsanwalt Alexandr Wojzech[6] und auch der Abgeordnete

---

3 Der 2014 gegründete Verein setzte sich für die Belange des baschkirischen Volks ein und war eine der wichtigsten Organisationen der baschkirischen Nationalbewegung. Er wurde auf dem Höhepunkt der Säuberungswelle gegen Anhänger des bis 2010 amtierenden langjährigen baschkirischen Präsidenten Murtasa Rachimow (1934-2023) gegründet und engagierte sich gegen die Schließung von baschkirischen Schulen und die Entlassung ethnischer Baschkiren aus dem Staatsdienst. *Baschkort* organisierte mehrfach Proteste für den Erhalt des Tratau-Berges im Süden Baschkortostans, einer unter Naturschutz stehenden Felsformation, die in der baschkirischen Kultur eine wichtige Rolle spielt. Dem Tratau droht Zerstörung durch den Abbau von Soda und Grundstoffen für Zement.

4 Ajrat Dilmuchametow (*1966), Politiker und Publizist in Ufa, hatte sich für eine Neuverhandlung des Föderationsabkommens und einen öffentlichen Diskurs darüber eingesetzt. Seit 14. März 2019 ist er inhaftiert. Im August 2020 verurteilte ihn das Zentrale Militärgericht des Bezirks Samara zu neuneinhalb Jahren Haft unter strengen Bedingungen.

5 Anton Orlow war von 2020 bis 2022 bis Regionalkoordinator der unabhängigen Gewerkschaft *Dejstvie* (Handeln) in Ufa und organisierte u. a. einen Streik der Krankenhausmitarbeiter in der südlich von Ufa gelegenen Stadt Ischimaj. Er wurde am 23. September 2022 in Ufa wegen angeblichen schweren Betrugs zu sechseinhalb Jahren Lagerhaft verurteilt.

6 Alexander Wojzech, Jurist aus Ufa, wurde am 28. September 2022 wegen angeblichen schweren Betrugs zu vier Jahren Haft verurteilt. Im April 2023 hob ein Berufungsgericht das Urteil auf. Bereits seit Mitte der 2010er Jahre hatten die Behörden immer wieder versucht, ihm seine Anwaltslizenz zu entziehen.

Dmitrij Tschiwulin[7] sind in Haft. In Baschkortostan ist heute jeder in Gefahr, denn Tschabirow wendet seine polizeistaatlichen Methoden auch im Kampf gegen Frauen an, die eine eigene politische Position vertreten.

Vergleichen Sie die Vorgehensweise: Petitionen, Enthüllungen, Beschwerden, Teilnahme an friedlichen Versammlungen und öffentlichen Anhörungen. Und als Antwort: Überwachung, Durchsuchungen, Entführungen, Verhaftungen, Gefängnis, Menschen werden gewaltsam von öffentlichen Anhörungen weggeführt, ihr Auto mit Farbe übergossen, Schadensersatzklagen angestrengt wegen der Lohnkosten der zu unseren Versammlungen beorderten Polizisten.

Gleichzeitig versucht Tschabirow persönlich immer wieder, baschkirische Naturdenkmäler an Oligarchen zu verkaufen,[8] lässt Krankenhäuser schließen, hält den Lohn von Ärzten zurück, betrügt bei Staatsaufträgen und zwingt die Einwohner Baschkortostans zur Zahlung überhöhter Kommunalabgaben. Unsere Republik lag einst mit Tatarstan gleich auf. Jetzt liegt das Ergebnis auf der Hand. Die Armutsrate ist in Baschkortostan doppelt so hoch wie in der Nachbarrepublik.

Für die Vorbereitung meines letzten Wortes habe ich die Schlussreden von Dutzenden Angeklagten gelesen: von

---

7 Dmitri Tschiwulin wurde im Jahr 2018 auf der Liste der Kommunistischen Partei in das baschkirische Regionalparlament (*Kurultaj*) gewählt. Zusammen mit vier anderen Personen wurde er im März 2022 verhaftet und wegen Gründung einer Terrorzelle angeklagt.
8 Es geht um die geplante Bergbautätigkeit an den Bergen Tratau und Kuschtau.

Jewgenij Rojsman,[9] Wladimir Kara-Mursa,[10] Dmitrij Iwanow,[11] Alexej Gorinow,[12] Andrej Piwowarow,[13] Iwan Safronow,[14] Wladimir Woronzow,[15] Jurij Schdanow,[16] Ilja Jaschin und natürlich von Alexej Nawalny.[17]

---

9   Jewgenij Rojsman (*1962), ehemaliger Bürgermeister von Jekaterinburg, wurde im August 2022 für zwei Tage festgenommen und im Mai 2023 wegen „Diskreditierung der Streitkräfte" zu einer geringfügigen Geldstrafe verurteilt. Er ist der einzige der Genannten, der während des Prozesses nicht in Untersuchungshaft saß und nicht zu einer Haftstrafe verurteilt wurde.
10 Zu Wladimir Kara-Mursa siehe dessen letztes Wort in diesem Buch.
11 Dmitrij Iwanow (*1999), Student in Moskau, betrieb den *Telegram*-Kanal *Protestny MGU**. Er wurde am 3. Juni 2022 verhaftet und am 7. März 2023 wegen „Verbreitung von Falschnachrichten über die russländische Armee" zu achteinhalb Jahren Haft verurteilt.
12 Alexej Gorinow (*1961), Stadtverordneter im Moskauer Krasnoselski-Bezirk, wurde am 26. April 2022 verhaftet und im Juni 2022 ebenfalls wegen „Verbreitung von Falschnachrichten über die russländische Armee" zu sieben Jahren Lagerhaft verurteilt. Im September 2023 wurde ein weiteres Strafverfahren wegen „Rechtfertigung von Terrorismus" gegen ihn eröffnet.
13 Zu Andrej Piwowarow siehe dessen letztes Wort in diesem Buch.
14 Iwan Safronow (*1990), Journalist und Berater des Leiters für Informationspolitik der russländischen Raumfahrtbehörde *Roskosmos*, wurde am 7. Juli 2020 inhaftiert. Im September 2022 wurde er wegen „Staatsverrats" (Artikel 275) zu 22 Jahren Lager mit strengen Haftbedingungen verurteilt. Seine Verteidiger betonten, dass die Informationen, die weitergegeben zu haben ihm vorgeworfen wurde, frei zugänglich waren.
15 Wladimir Woronzow (*1984), Journalist und ehemaliger Polizist, gründete das Netzwerk *Ombudsman der Polizei*. Inhaftiert am 7. Mai 2020, wurde er unter unterschiedlichen Vorwänden („Erpressung", „Pornografie" und „Beleidigung") zu fünf Jahren Haft verurteilt. Am 20. Oktober 2023 wurde er aus der Haft entlassen.
16 Jurij Schdanow (*1954), Rentner aus Aksaj im Gebiet Rostow und Vater des Mitarbeiters von Alexej Nawalny Iwan Schdanow, wurde am 26. März 2021 inhaftiert. Er wurde unter der Anschuldigung der „Urkundenfälschung" und des „Betrugs" zu einer Strafe von drei Jahren verurteilt, die zunächst zur Bewährung ausgesetzt, in zweiter Instanz aber in Lagerhaft umgewandelt wurde. Ende Oktober 2023 entlassen, steht er noch für drei Jahre unter administrativer Aufsicht.
17 Zu Ilja Jaschin und Alexej Nawalny siehe deren letzte Worte in diesem Buch.

Alles starke und kluge Männer, die Putin in jenen anderthalb Jahren hat verhaften lassen, die ich in Untersuchungshaft verbracht habe. Aber Putin hat auch Frauen nicht verschont. Sechs Jahre Haft für die Journalistin Maria Ponomarenko,[18] die Künstlerin Alexandra Skotschilenko[19] steht vor Gericht, gegen die Theatermacherinnen Jewgenija Berkowitsch und Swetlana Petrijtschuk ist ein Strafverfahren eingeleitet.[20]

Und nach alldem sitzt der ehemalige Ministerpräsident Dmitrij Medwedjew auf einem juristischen Forum und amüsiert sich darüber, dass der Frauenanteil in Russlands Regierung weniger als 25 Prozent beträgt, im Unterschied zu Ägypten. Heißt das, dass Frauen in unserem Land keinen Platz in der Politik haben? Oder hängt der Zugang zu diesem Beruf von ihren politischen Ansichten ab? Ist das keine Diskriminierung? Haben die Männer an der Macht beschlossen, dass es neben der gläsernen Decke noch Gittern vor dem Fenster bedarf?

---

18 Maria Ponomarenko (*1978), Journalistin aus Barnaul, arbeitete ebenso wie Roman Iwanow (siehe dessen letztes Wort in diesem Buch) für *RusNews*. Im April 2022 in Sankt Petersburg inhaftiert, wurde sie im Februar 2023 wegen „Verbreitung von Falschnachrichten über die russländische Armee" zu einer Haftstrafe von sechs Jahren verurteilt. Im November 2023 wurde wegen angeblicher Tätlichkeit gegen einen Gefängniswärter ein weiteres Strafverfahren gegen sie eingeleitet.
19 Zu Alexandra Skotschilenko siehe deren letztes Wort in diesem Buch.
20 Die Regisseurin Jewgenija Berkowitsch (*1985) und die Dramaturgin Swetlana Petrijtschuk (*1980) wurden am 4. Mai 2023 verhaftet. Sie wurden der „Rechtfertigung von Terrorismus" beschuldigt. Grundlage dafür ist ihr im Jahr 2020 uraufgeführtes Stück „Finist – Jasnyj Sokol" („Finist – Heller Falke"), das 2022 mit der „Goldenen Maske" ausgezeichnet wurde. Darin geht es um Frauen aus Russland, die sich von radikalen Islamisten nach Syrien haben locken lassen. Am 9. Juli 2024 wurden beide zu je sechs Jahren Haft verurteilt.

Meine politischen Rechte und die meiner Mitbürger werden konsequent verletzt. Dies zeugt davon, dass Putin schon seit langem jedes Andersdenken beseitigen will – mit einem einzigen Ziel: über das Jahr 2024 hinaus an der Macht zu bleiben. Aber Putin bedeutet Korruption, niedrige Löhne und Renten, wirtschaftlichen Niedergang und steigende Preise. Putin bedeutet Krieg. Und das betrifft wirklich jeden!

Beantworten Sie sich die Frage: Leben Sie heute besser als vor zehn Jahren? Fällt Ihnen das Einkaufen leichter als vor zehn Jahren? Fühlen Sie sich sicherer als vor zehn Jahren? Wenn die Antwort „Nein" lautet – dann handeln Sie! Auch Sie können die Dinge zum Besseren wenden.

Euer Ehren! Für mich sind Sie nicht nur Richter, sondern auch mein Wähler. Während des Prozesses habe ich Ihnen von meinen Erfolgen erzählt. Unterstützen Sie mich als Politikerin, als Frau, und ich werde alles mir Mögliche tun, um Sie von dem Druck zu befreien, den die Exekutive gesetzeswidrig auf Sie ausübt. Ich werde weiter gegen Korruption und Gesetzlosigkeit in unserer Republik kämpfen.

Euer Ehren! Sie sind nicht nur Richter und Wähler, sondern, wie der Prozess gezeigt hat, auch ein Mensch mit eigenen Ansichten. Wenn Sie mich für zwölf Jahre ins Gefängnis bringen, werde ich kein Kind mehr bekommen. Geben sie mir eine Chance, Mutter zu werden.

Ich danke für Ihre Aufmerksamkeit.

Ich fürchte Sie nicht und ich bitte Sie um nichts

Daniel Cholodny

26. September 2023

Daniel Cholodny (*1997) ist IT-Spezialist und war technischer Direktor von *Nawalny live*. Er verließ Russland, kurz nachdem das Moskauer Stadtgericht Nawalnys *Stiftung zur Korruptionsbekämpfung* im Juni 2021 zur „extremistischen Organisation"* erklärt und verboten hatte.[1]

Als er aus privaten Gründen Moskau besuchte, wurde Daniel Cholodny am Abend des 3. März 2022 dort festgenommen. Am 4. August 2023 verurteilte ihn das Moskauer Stadtgericht gemäß Artikel 282.1-2 („Beteiligung an einer extremistischen Organisation") und Artikel 282.3-2 („Finanzierung extremistischer Aktivitäten unter Ausnutzung einer offiziellen Position") zu acht Jahren Haft in einem Straflager.

Im Berufungsverfahren gegen Nawalny und Cholodny wurden beide aus dem Straflager 6 im Gebiet Wladimir per Videoübertragung in das Erste Moskauer Berufungsgericht zugeschaltet. Dieses bestätigte am 26. September 2023 das Urteil.

Ich befinde mich hier aus nur einem Grund: Weil mich Ihre Ermittlungen und das Gericht nicht erschreckt haben. Ich habe mich geweigert, meine Freunde zu verraten und für die Ermittlung notwendige Aussagen zu machen. Damit habe ich Ihre Macht stark beleidigt. Deshalb haben Sie mir acht Jahre gegeben und mir alles genommen.

Irgendwer kann entscheiden, ich sei verrückt, weil ich nicht die Möglichkeit nutzte herauszukommen, aber im Leben ist es so, dass es dich vor die Wahl stellt zwischen dem,

---

[1] Zu Alexej Nawalny und seiner *Stiftung zur Korruptionsbekämpfung* siehe dessen letztes Wort in diesem Buch.

was du möchtest und dem, woran du glaubst. Derzeit muss man in unserem Land für seine Überzeugungen teuer bezahlen, aber für eine bessere Zukunft bin ich bereit, diesen Preis zu zahlen. Ich bin bereit, diesen Preis zu bezahlen, damit meine Kinder das nicht tun müssen. Das ist meine staatsbürgerliche Pflicht. Aber eines Tages werden wir mit Ihnen, verehrte Richter und Staatsanwälte, die Plätze tauschen. Deshalb habe ich nur eine Frage an Sie: Haben Sie irgendwelche Überzeugungen, für die Sie bereit sein werden, den Preis zu zahlen, den derzeit ich zusammen mit Tausenden politischen Gefangenen und ihren Familien bezahle? Ich denke, nein.

Als Sie mich aus Moskau weggebracht haben, sagte mir mein Haftkamerad zum Geleit folgende Worte: „Glaube nicht, fürchte dich nicht, bitte nicht." Sie wissen, ich denke, dass ist ein sehr gutes Lebensmotto. Deshalb möchte ich Ihnen sagen: Ich glaube Ihnen nicht, ich fürchte Sie nicht, und ich bitte Sie um nichts.

Ich glaube, dass das Leben heilig ist

Alexandra Skotschilenko

16. November 2023

Alexandra Skotschilenko (*1990) ist eine feministische Künstlerin aus Sankt Petersburg.

Als Aktivistin der Anti-Kriegs-Bewegung organisierte sie „Friedens-Jams" und gab die Postkartenserie „Liebe ist stärker als Krieg und Tod" heraus. Erstmalig wurde sie am 4. März 2022 wegen Teilnahme an einer Protestaktion gegen den russländischen Angriff auf die Ukraine festgenommen, jedoch am selben Tag wieder freigelassen. Am 11. April 2022 wurde sie inhaftiert – als erste Person angeklagt nach dem neu geschaffenen Artikel, der „Falschnachrichten über die russländische Armee" unter Strafe stellt. Sie hatte in einem Sankt Petersburger Lebensmittelgeschäft einige Preisschilder durch Imitate mit Antikriegsbotschaften ersetzt.

In Haft verschlechterte sich der Gesundheitszustand von Alexandra Skotschilenko. Sie leidet an einer Herzkrankheit und an Zöliakie (Glutenunverträglichkeit). Entsprechende Nahrung wurde ihr erst ab dem 5. Mai 2022 gewährt, und dann auch nicht immer, was eine Schädigung der inneren Organe zur Folge hat. Eine adäquate medizinische Versorgung wurde ihr vorenthalten.

Am 16. November 2023 verurteilte das Wasiljeostrowski-Gericht in Sankt Petersburg Alexandra Skotschilenko gemäß Artikel 207.3-2e („Verbreitung von Falschnachrichten über die russländische Armee, motiviert durch Hass") zu sieben Jahren Lagerhaft.

Am 1. August 2024 wurde Alexandra Skotschilenko im Rahmen eines internationalen Gefangenenaustauschs freigelassen und nach Deutschland gebracht.

Euer Ehren! Sehr geehrtes Gericht!

Mein Strafprozess ist so abwegig und lächerlich, dass er genau am 1. April [2022] eröffnet wurde. Mein Prozess ist so abwegig und lächerlich, dass es mir manchmal so vorkommt, als ginge ich wieder in den Gerichtssaal zu einer erneuten Verhandlung, und von der Decke regnet es plötzlich Konfetti und alle stehen auf und schreien: „Das Spiel ist aus! Das Spiel ist aus!" Mein Prozess ist so abwegig und lächerlich, dass die Mitarbeiter im Untersuchungsgefängnis Nr. 5 ihre Augen weit aufreißen und ausrufen: „Wegen so etwas wird man jetzt inhaftiert?" Mein Prozess ist derart, dass selbst Anhänger der „militärischen Spezialoperation"*, die ich getroffen habe, nicht finden, dass ich für meine Handlung eine Gefängnisstrafe verdiene.

Mein Fall hat meinen Ermittler dazu gebracht, vor Ende des Verfahrens zu kündigen. Im privaten Gespräch mit meinem Anwalt sagte er: „Ich kam nicht ins Untersuchungskomitee, um mich mit solchen Fällen wie dem von Sascha Skotschilenko zu befassen."

Und er hat meinen Fall hingeschmissen, der ihm einen glänzenden Karrieresprung und bereits einen Stern auf den Schulterstücken seiner Uniform bescherte. Er hat seine Arbeit im Untersuchungskomitee hingeschmissen und arbeitet jetzt im Geschäft „Militärhandel". Ich habe großen Respekt vor seinem Schritt und glaube, dass wir einander ähnlich sind – wir haben beide nach unserem Gewissen gehandelt.

Der Artikel 207.3 im Strafgesetzbuch ist in seinem Wesen diskriminierend, denn er bestraft nur einen bestimmten Kreis von Menschen, und zwar nur die, die nicht in den Staatsorganen dienen. Stellen Sie sich das nur vor: Die Information, die ich verbreitet habe, war für meine Ermittler ganz offensichtlich eine bewusste Lüge. Dennoch verbreiteten sie diese Information innerhalb ihrer Untersuchungsabteilung und auch in der Staatsanwaltschaft und den Justizorganen; dadurch beleidigten sie die Militärangehörigen und sorgten für ein enormes öffentliches Echo.

Dank meinen Ermittlern und Staatsanwälten erfuhren Tausende Menschen in Russland und der ganzen Welt die von mir verbreitete Information. Wäre ich nicht verhaftet worden, hätten davon nur eine Oma,[1] eine Kassiererin und ein Wachmann des Supermarkts „Perekrjostok" erfahren. Und bei zwei dieser drei Personen hinterließen diese Preisschilder – wie aus den Untersuchungsakten hervorgeht – überhaupt keinen Eindruck.

Sagen Sie bitte: Verbreiten etwa Ermittler Drogen unter den Mitarbeitern der Staatsorgane, um jemandes Schuld nach Artikel 228[2] des Strafgesetzbuches zu beweisen? Solchen Ermittlern würde selbst nach genau diesem Artikel der Prozess gemacht. Also warum werden dann nicht meine Ermittler nach Artikel 270.3 angeklagt, ebenso wenig mein Staatsanwalt, sondern nur ich?

Wenn diese fünf Zettelchen so schrecklich sind – weshalb wurde dann überhaupt dieser Prozess aufgezogen? Damit wir Dutzende Male diese Thesen aussprechen, die nach Meinung des Staatsanwalts die öffentliche Sicherheit so sehr bedrohen? Wir haben also die Texte von den Preisschildern im Laufe des Prozesses immer wieder zitiert. Und hat sich etwa der Erdboden geöffnet? Ist eine Revolution im Land ausgebrochen? Haben die Soldaten an der Front begonnen, sich zu verbrüdern? Nichts davon ist passiert. Wo also ist das Problem?

---

1 Eine 72-jährige Frau beobachtete Skotschilenko im Supermarkt dabei, wie sie Preisschilder durch Zettel mit Anti-Kriegs-Slogans ersetzte, und zeigte sie an.
2 Artikel 228 betrifft „illegalen Erwerb, Aufbewahrung, Transport, Herstellung und Verarbeitung von Betäubungsmitteln".

Der staatliche Ankläger hat mehrfach erwähnt, dass meine Handlung extrem gefährlich für die gesellschaftliche und staatliche Sicherheit sei. Was für einen geringen Glauben an Staat und Gesellschaft hat unser Staatsanwalt, wenn er glaubt, dass unsere Staatlichkeit und gesellschaftliche Sicherheit durch fünf kleine Zettel einstürzen könnten? Wenn jemand eine Meuterei anzettelt, die unserem Land großen Schaden zufügt, wird ein Strafverfahren gegen ihn eingeleitet und innerhalb eines Tages wieder eingestellt.[3] Durch meine Handlung ist niemand zu Schaden gekommen, und ich befinde mich schon seit eineinhalb Jahren in Haft – zusammen mit Mörderinnen, Diebinnen, Frauen, die Minderjährige sexuell missbraucht oder Prostitution organisiert haben. Kann man wirklich den angeblichen Schaden durch meine Handlung mit diesen Verbrechen vergleichen?

Jeder Gerichtsprozess ist eine Botschaft an die Gesellschaft. Unabhängig davon, wie Sie meine Tat beurteilen, stimmen Sie vermutlich mit mir überein, dass ich Tapferkeit und Unbeugsamkeit meines Charakters gezeigt habe. Ich war nicht heuchlerisch, ich war ehrlich vor mir selbst und vor dem Gericht, ich handelte nach meinen moralischen Wert-

---

3   Anspielung auf die Meuterei von Jewgenij Prigoschin (1961-2023). Der Söldnerführer, der sich mit seiner Wagner-Truppe am Aggressionskrieg gegen die Ukraine beteiligte, hatte am 23. Juni 2023 in einer Videobotschaft die russländische Bevölkerung zu einem Aufstand gegen die Militärführung aufgerufen. Sogleich wurden Ermittlungen gegen ihn eingeleitet. Am 24. Juni besetzten seine Söldner Rostow am Don, marschierten über Woronesch weiter und beendeten den Aufstand 200 km vor Moskau, nachdem der belarusische Diktator Lukaschenka sich eingeschaltet hatte. Er hatte bei der russländischen Regierung Straffreiheit für die Aufständischen erreicht für den Fall, dass sie aufgeben und bot ihnen Asyl an. Laut Angaben der russländischen Regierung fand Prigoschin bei einem Flugzeugabsturz am 23. August 2023 den Tod.

vorstellungen. Und Sie werden zustimmen, dass ich welche habe, auch wenn Ihre persönlichen andere sind. Im Jargon des Ermittlers heißt jemanden in Untersuchungshaft nehmen „ihn in Gefangenschaft nehmen". Aber ich habe mich in der Gefangenschaft, unter den Gefahren von Vergiftung, Krankheit und Hunger nicht ergeben und nicht gebeugt.

Und wenn das Urteil eine Botschaft an das Volk ist, was denken Sie, was Sie den Menschen, unseren Bürgern mitteilen, indem sie mich verurteilen? Dass man aufgeben muss? Dass man heucheln muss? Dass man sich für etwas schuldig bekennen muss, woran man unschuldig ist? Dass man kein Mitleid mit unseren Soldaten haben darf? Dass man sich keinen friedlichen Himmel über dem Kopf wünschen darf? Dass unsere Gesellschaft und unser Staat durch fünf Zettel einstürzen wird? Wollen Sie wirklich genau das den Menschen sagen, in Zeiten von Krise, Instabilität, Depression und Stress?

Über meinen Prozess wird in Russland und weltweit berichtet, ihn verfolgen Zehntausende, vielleicht Hunderttausende; über meinen Prozess werden Bücher geschrieben und Dokumentarfilme gedreht. Also werden Sie unabhängig vom Urteil, das Sie fällen werden, in die Geschichte eingehen. Möglicherweise werden Sie in die Geschichte als ein Mensch eingehen, der mich zu einer Haftstrafe verurteilt hat, vielleicht als einer, der mich freigesprochen hat, vielleicht als einer, der eine neutrale Entscheidung getroffen und mir eine Geldstrafe, eine Bewährungsstrafe oder eine Strafe auferlegt hat, die schon durch die Untersuchungshaft abgegolten ist. Alle sehen und wissen, dass Sie nicht über eine Terroristin urteilen. Sie urteilen nicht über eine Extremistin. Sie urteilen nicht einmal über eine politische Aktivistin. Sie urteilen über eine Pazifistin.

Ich bin eine Pazifistin. Pazifisten hat es immer gegeben. Das ist eine besondere Sorte von Menschen, die das Leben als höchsten Wert von allen betrachten. Wir denken, dass jeder Konflikt friedlich gelöst werden kann. Ich kann nicht einmal eine Spinne töten; es ist für mich eine schreckliche Vorstellung, jemandem das Leben zu nehmen.

Der Krieg geschieht auf Initiative der Militärs, doch der Frieden entsteht durch die Pazifisten. Und wenn Sie Pazifisten einsperren, dann zögern Sie den langersehnten Tag des Friedens hinaus.

Ich glaube, dass das Leben heilig ist. Oh ja, das Leben! Wenn man allen Flitterkram dieser Welt wie Geld, Macht, Ruhm, Stellung in der Gesellschaft abwirft – bleibt im trockenen Rest nur das Leben übrig. Ja, das Leben! Es ist stur, aufdringlich, unglaublich, berührend, erstaunlich, stark. Es ist auf der Erde entstanden, und bisher haben wir im weiten Kosmos nichts Analoges gefunden. Es kann sich seinen Weg durch den Asphalt bahnen, Steine zertrümmern, ein kleiner Keim kann sich in einen riesenhaften Baobab-Baum verwandeln, eine mikroskopisch kleine Zelle in einen gigantischen Wal. Es besiedelt Gipfel, versteckt sich im Marianengraben, existiert im arktischen Eis und in der heißen Wüste. Seine vollkommene Form stellt der Mensch dar. Der Mensch ist eine sehr vernünftige Form des Lebens. Es ist Leben, das sich selbst erkennen kann, seine eigene Sterblichkeit erkennen kann. Allerdings denken wir nicht oft daran und leben so, als würden wir ewig leben. Doch in Wirklichkeit ist das Leben des Menschen begrenzt. Es ist armselig kurz. Alles, was wir können, ist, den kurzen Moment der Seligkeit verlängern. Alle Lebenden wollen leben. Selbst auf den Hälsen Gehenkter findet man die Spuren von Fingernagelkratzern. Das bedeutet, dass sie im letzten Moment überleben wollten.

Fragen Sie Menschen, denen man gerade ein Krebsgeschwür entfernt hat, was das Leben ist und wie wertvoll es ist. Heute kämpfen Wissenschaftler und Ärzte der ganzen Welt darum, die Dauer des menschlichen Lebens zu verlängern und Medikamente gegen tödliche Krankheiten zu finden. Deshalb verstehe ich nicht: Wozu der Krieg? Denn Krieg verkürzt das Leben. Krieg bedeutet Tod. In der Covid-Pandemie im Jahr 2021 haben wir unsere älteren Nächsten verloren: Großmütter, Großväter, Erzieher, Lehrer. Wir durchlebten so viel Schmerz, Sorge und Trauer, und gerade kamen wir wieder auf die Beine, begannen wieder zu leben … Da kam der Krieg. Jetzt verlieren wir unsere jungen Leute. Wieder Tod, wieder Kummer, wieder Schmerz. Und ich kann einfach nicht verstehen: Wozu der Krieg?

Nennen Sie es, wie Sie wollen – ich habe mich verirrt, oder ich habe mich geirrt, oder man hat mir das Gehirn vollgepudert … Ich bleibe bei meiner Meinung und bei meiner Wahrheit. Und ich glaube nicht daran, dass man jemanden per Gesetz zu der einen oder anderen Wahrheit zwingen muss.

Der staatliche Ankläger glaubt an eine völlig andere Wahrheit als ich. Er ist überzeugt von der Existenz sogenannter „NATO-Speichellecker" oder davon, dass alle unabhängigen Medien aus dem Ausland finanziert werden. Aber der Unterschied zwischen unserem Staatsanwalt und mir besteht darin, dass ich ihn niemals dafür ins Gefängnis stecken würde.

Es tut mir leid, falls ich jemanden durch mein Vorgehen beleidigt habe. Meine Untersuchungshaft, in der ich mit sehr verschiedenen mir unähnlichen Menschen geredet habe, hat mir geholfen zu verstehen, dass jeder Mensch an seine eigene Wahrheit glaubt. Das betrifft auch die Einstellung zur „militärischen Spezialoperation"*. Und es ist eine große Tragödie, dass wir nicht alle dieselbe Wahrheit teilen und nicht die Wahrheit des anderen annehmen – das erzeugt eine Spaltung in der Gesellschaft, zerstört Familien und entzweit einander nahestehende Menschen, erhöht das Aggressionsniveau, vermehrt die Feindschaft auf der Erde und entfernt uns mehr und mehr vom langersehnten Frieden. Ich werde nicht gegen die Wahrheit sündigen, wenn ich sage, dass jeder Mensch in diesem Saal ein und dasselbe wünscht: Frieden.

Wozu Krieg führen, wenn wir alles sind, was wir miteinander auf dieser Welt voller Unheil, Katastrophen und Schwierigkeiten haben? Können etwa aller Reichtum und alle Macht Ihren Nächsten aus der Gefangenschaft des Todes freikaufen? Nein, weder Geld noch Macht, Karriere, Wohnung oder Auto.

Wir sind alles, was wir miteinander haben. Ich habe liebe Menschen, die mir auf dieser Welt sehr viel bedeuten. Sie kommen in diesen Saal, und ihnen sind mein Leben, meine Gesundheit und meine Freiheit nicht egal. Sie wollen nicht, dass ich eine Haftstrafe bekomme. Zuhause warten auf mich meine alte Mama, meine geliebte Schwester, eine junge Frau, der eine schreckliche Diagnose gestellt wurde: Krebs. Und ich kenne bisher keinen Menschen außer dem Staatsanwalt, der möchte, dass ich zu einer Haftstrafe verurteilt werde.

Allerdings glaube ich, dass auch der Staatsanwalt in der Tiefe seiner Seele das nicht will. Mir scheint, er kam zur Staatsanwaltschaft, um echte Verbrecher und Bösewichte zu verurteilen: Mörder, Gewalttäter, Vergewaltiger von Minderjährigen. Doch alles kam anders: Man muss die verurteilen, die verurteilt werden müssen – das ist der Preis für das Erklimmen der Karriereleiter. Es ist ein geschlossenes System. Tun wir bloß nicht, als wäre es nicht so. Ich verurteile Sie nicht. Sie kümmern sich um Ihre Karriere, um eine stabile Position in der Zukunft, um Ihre Familie zu versorgen, ihr Brot und ein Dach über dem Kopf zu geben, Ihren schon geborenen oder zukünftigen Kindern eine Zukunft zu ermöglichen. Doch wovon werden Sie ihnen erzählen? Dass Sie eine schwer kranke Frau wegen fünf Zetteln ins Gefängnis gesteckt haben? Nein, zweifellos werden Sie über andere Dinge erzählen. Wahrscheinlich beruhigen Sie sich damit, dass Sie einfach Ihre Arbeit machen. Aber was werden Sie tun, wenn das Pendel zur anderen Seite ausschlagen wird?

Es ist ein Gesetz der Geschichte: Liberale werden von Konservativen abgelöst, Konservative von Liberalen. Nach dem natürlichen Tod eines politischen Führers kommt ein neuer, mit umgekehrtem Kurs, und die Ersten werden die Letzten sein, und die Letzten die Ersten. Es wird Ihnen seltsam erscheinen, aber ich bemitleide Sie.

Obwohl ich hinter Gittern sitze, bin ich freier als Sie. Ich kann eigene Entscheidungen treffen, kann alles sagen, was ich denke, kann die Arbeit kündigen, wenn mich jemand zwingt etwas zu tun, was ich nicht will. Ich habe keine

Feinde, ich habe keine Angst davor, ohne Geld oder sogar ohne ein Dach über dem Kopf zu sein. Ich habe keine Angst davor, keine glänzende Karriere zu machen, lächerlich, verletzlich oder seltsam zu erscheinen. Ich habe keine Angst davor, anders als andere zu sein. Vielleicht fürchtet mein Staat mich und meinesgleichen deshalb und hält mich in einem Käfig wie ein hochgefährliches Tier.

Doch der Mensch ist dem Menschen kein Wolf. Sich über andere wegen bestimmter Meinungen aufzuregen ist leicht, aber einander zu lieben, zu versuchen, einander zu verstehen und Kompromisse zu finden, ist sehr schwer. So unerträglich schwer, dass es manchmal unmöglich scheint – in diesen Momenten erscheinen Gewalt und Zwang als der einzige Ausweg. Aber dem ist nicht so! Es ist notwendig zu lernen, einander zu lieben und Konflikte mithilfe des Wortes zu lösen – dies ist der einzige Weg aus der moralischen Krise, in der wir uns befinden.

Euer Ehren! Mit Ihrem Urteil können Sie allen ein Beispiel geben, ein Beispiel dafür, wie man einen Konflikt mithilfe des Wortes, der Liebe, der Barmherzigkeit und des Mitleids lösen kann, anstatt durch eine Haftstrafe die sogenannte Wahrheit mit Zwang durchzusetzen. Dies wäre ein großer Schritt zur Verringerung der Bosheit, zur Gesundung und Versöhnung der Gesellschaft.

Euer Ehren! Ich verstehe, dass dies für Sie nur Ihre Arbeit ist, ein normaler Fall, Arbeitsstunden und eine Unmenge von Papierkram. Wahrscheinlich gerät in dieser Routine, wie bei jeder Arbeit, das Wesentliche aus dem Blick und geht verloren. Doch die Wahrheit besteht darin, dass Sie über eine große Macht verfügen: über menschliche Schicksale zu entscheiden – in diesem Fall über mein Schicksal, meine Gesundheit, mein Leben und das Glück meiner Nächsten. Ich glaube daran, dass Sie Ihre Macht weise gebrauchen werden.

Die Kriegsverbrecher werden sich verantworten müssen

Viktoria Petrowa

21. Dezember 2023

Viktoria Petrowa (*1994) ist eine Managerin aus Sankt Petersburg. Seit Februar 2022 beteiligte sie sich an Antikriegsprotesten. Am 23. März 2022 veröffentlichte sie bei *VKontakte* neun Videos der Journalisten und Politiker Dmitrij Gordon, Alexander Newsorow und Maxim Katz.[1] Zwei Tage später entfernte die Verwaltung des sozialen Netzwerks auf Ersuchen von *Roskomnadzor** die Beiträge. Am 6. Mai 2022 wurde Viktoria Petrowa verhaftet. 2023 wurde gerichtlich verfügt, das psychiatrische Gutachten, das bei den Angeklagten normalerweise ambulant erfolgt, stationär zu erheben. Während des einen Monats in der Psychiatrie wurde Viktoria Petrowa erniedrigt und misshandelt, was erst aufhörte, als die Medien darüber berichteten. Am 25. Dezember 2023 sprach sie das Kalininski-Bezirksgericht von Sankt Petersburg gemäß Artikel 207.3-2e („Verbreitung von Falschnachrichten über die russländische Armee, motiviert durch Hass") schuldig und ordnete medizinische Zwangsmaßnahmen in einem Krankenhaus an.[2]

Krieg ist ein Verbrechen gegen die Menschlichkeit. Krieg ist der Tod geliebter Menschen, die Zerstörung von allem, was

---

[1] Dmitrij Gordon (*1967), Alexander Newsorow (*1958) und Maxim Katz (*1984) gelten seit 2022 in Russland als „ausländische Agenten"*. Sie wurden 2023/24 in Russland in Abwesenheit zu hohen Haftstrafen verurteilt.

[2] Der Missbrauch der Psychiatrie zu politischen Zwecken fand in der Sowjetunion insbesondere unter Nikita Chruschtschow und Leonid Breschnew gegen Dissidenten Anwendung. Politische Gefangene waren in psychiatrischen Einrichtungen oft grausamen Behandlungen ausgesetzt. Zudem ist der Zwangsaufenthalt in einer Psychiatrie– im Gegensatz zu einer Haftstrafe – unbefristet; er kann beliebig oft alle sechs Monate verlängert werden.

einst ein friedliches Leben darstellte – von allem, was teuer und unbezahlbar ist. Krieg ist der Zusammenbruch aller Hoffnungen und Pläne. Er ist die schwerste Prüfung, die ein ganzes Land durchgemacht hat und jetzt gerade durchmacht – ein brüderliches Volk. Dabei handelt es sich um Massenmord an Zivilisten und an Militärangehörigen beider Seiten. Vorsichtigen Schätzungen zufolge sind es Hunderttausende Tote und Verletzte. Dieser Krieg bedeutet die unaufhörliche Bombardierung friedlicher Städte mit Raketen, Bomben und einem „Hagelsturm von Granaten"; Akte des internationalen Terrorismus, einen Zustrom von Militanten und Kriminellen, die massenhaft im Rahmen von Söldnerverträgen rekrutiert werden; massive Kriegsverbrechen, Menschenrechtsverletzungen, Folter und Vergewaltigung, Raubüberfälle und Plünderungen durch die Soldaten des Angreifers. Krieg ist eine humanitäre Katastrophe in allen besiedelten Gebieten, insbesondere dort, wo gekämpft wird: Mangel an Wasser, an Nahrungsmitteln, an Medikamenten und an jeglichen Gütern des Grundbedarfs. Krieg ist die Zerstörung der Wirtschaft eines ganzen Landes, die Zerstörung kritischer ziviler Infrastruktur und des kulturellen Erbes. Dieser Krieg ist eine Verletzung der territorialen Integrität und Souveränität der Ukraine, die Annexion souveräner Gebiete. Er verursacht Millionen Flüchtlinge und Binnenvertriebene, die ihre Häuser und Angehörigen verloren haben. Und dieser Krieg bedeutet den groß angelegten Widerstand eines ganzen Landes als Reaktion auf die Besetzung von Gebieten und Städten – Dutzende Millionen Tragödien. Keine Entnazifizierung oder Entmilitarisierung kann als Rechtfertigung für militärische Aggression dienen. Es ist unmöglich zu retten, indem man

Hunderttausende Menschen tötet und alles um sie herum zerstört. Bilder des Leids haben sich in mein Gedächtnis eingebrannt, viele werden für immer dort bleiben.

Früher oder später werden alle Kriegsverbrechen und Verbrechen gegen die Menschlichkeit untersucht und alle Verantwortlichen nach internationalem Strafrecht zur Verantwortung gezogen werden. Es gibt keine Rechtfertigung für die Händler des Todes, die mit der Lieferung von Waffen an beide Seiten des Konflikts übermäßige Profite erzielen, sowie für die Staatspropagandisten, die Hass und Feindschaft schüren und absichtlich Informationen über den Krieg in der Ukraine verfälschen.

Sämtliche russländische Bewegungen zur Unterstützung der „militärischen Spezialoperation"* müssen ihre Ansichten überdenken und sich in Antikriegsbewegungen umorientieren, um mit allen Kräften ein Ende der Kämpfe näher zu bringen. Sie müssen mit ausschließlich nichtmilitärischen Methoden für den Frieden eintreten: mit diplomatischen, wirtschaftlichen und kulturellen Mitteln.

Genau auf diese Weise wurden im 20. und 21. Jahrhundert in anderen Ländern Kriege beendet. Ich möchte an alle appellieren, die seitens Russlands direkt über den Krieg mit der Ukraine entscheiden: den Präsidenten der Russischen Föderation, den Premierminister der Russischen Föderation, den Verteidigungsminister, den Sicherheitsrat, die Senatoren des Föderationsrates, die Abgeordneten der Staatsduma, Staatspropagandisten und alle Personen, die mit den Ereignissen im Gebiet der „militärischen Spezialoperation"* zu tun haben.

Als Bürgerin Russlands fordere ich die sofortige Einstellung aller Feindseligkeiten auf dem Territorium der Ukraine und die sofortige Aufnahme von Friedensverhandlungen mit dem Ziel einer diplomatischen Beilegung des Konflikts. Ich fordere außerdem die Entkriminalisierung von Artikel 207.3 über die militärische Zensur sowie die Freilassung und Rehabilitierung aller politischen Gefangenen.

Meine Überzeugungen werden sich nicht ändern

Artjom Kamardin

27. Dezember 2023

Artjom Kamardin (*1990) arbeitete in Moskau als Ingenieur. Er ist Dichter und beteiligte sich an den „Majakowski-Lesungen" – Zusammenkünften am Majakowski-Denkmal in Moskau, bei denen Gedichte vorgetragen wurden.
Am 26. September 2022 fanden bei mehreren Teilnehmern der Lesungen Hausdurchsuchungen statt. Artjom Kamardin wurde in seiner Wohnung schwer gefoltert und dabei sexuell misshandelt; anschließend zwangen die Sicherheitskräfte seine im Nachbarzimmer anwesende Lebensgefährtin, das Foltervideo anzusehen. Artjom Kamardin wurde am selben Tag inhaftiert, ärztliche Hilfe wurde ihm verweigert. Am 28. Dezember 2023 verurteilte das Twerski-Bezirksgericht in Moskau ihn wegen eines Antikriegsgedichts gemäß Artikel 282-2c („Erniedrigung der Würde einer sozialen Gruppe durch Androhung von Gewalt im Internet durch eine organisierte Gruppe") und Artikel 280.4-3 („Öffentliche Aufrufe zur Durchführung von Aktivitäten gegen die Sicherheit des Staates, begangen durch eine organisierte Gruppe") zu sieben Jahren Lagerhaft und einer Geldstrafe von 500.000 Rubel.[1]

Es ist unzulässig, jemanden für Kunst zu verurteilen. Eine künstlerische Aussage kann interpretiert werden, auf verschiedene Weise gewertet werden, selbst wenn sie auf einfachste und klarste Weise ausgedrückt ist. Es kann immer jemanden geben, der sie falsch auffasst. Und wenn jemand

---

[1] Das entsprach zum Zeitpunkt der Verurteilung etwa 5.000 Euro. Zusammen mit Artjom Kamardin wurde Jegor Schtowba (*2000) verurteilt; er erhielt fünfeinhalb Jahren Haft. Nikolaj Dajneko (*1996) ist in derselben Sache zu vier Jahren Lagerhaft verurteilt worden.

geneigt ist, Anstoß zu nehmen, kann er dies an jeder beliebigen Stelle tun.

Ich hatte nicht die Absicht, jemanden mit meinem Gedicht zu beleidigen. Vielleicht wollte jemand beleidigt werden, damit eine Person, die eine andere Meinung und andere Ansichten als er selbst hat, unverdienterweise bestraft wird.

Aber genau wie in der Kunst ist es unzulässig, für eine Meinung verurteilt zu werden, auch wenn sie öffentlich geäußert wird. Doch genau das wird im heutigen Russland leider praktiziert. Deshalb fürchte ich, bei allem Respekt Ihnen gegenüber, dass das Urteil ein Schuldspruch sein wird, auch wenn ich völlig unschuldig bin.

Ich möchte Sie darauf aufmerksam machen, dass die hier präsentierten Videobeweise zeigen, dass ich nicht dazu aufgerufen habe, Einberufungsbefehle [zur Armee] zu verweigern, diese nicht zu unterschreiben und so weiter. Ich möchte auch darauf hinweisen, dass alles, was während der Lesungen gesagt und gelesen wird, allein in der Verantwortung der Person liegt, die es sagt oder liest. Denn bei den Majakowski-Lesungen gibt es keine allgemeinen Richtlinien, die Lesungen haben keine Organisatoren – diese Tradition der Stadt, die auf die Mitte des letzten Jahrhunderts zurückgeht, braucht sie einfach nicht. Jeder kann kommen und alles sagen, was ihm in den Sinn kommt. Soweit ich mich erinnere, war das schon immer so.[2]

---

2   Die Majakowski-Lesungen knüpfen an eine dissidentische Tradition an. Nach Einweihung des Majakowski-Denkmals am 29. Juni 1958 wurden dort spontan Gedichte vorgetragen; im September 1960 versammelten ich sogar mehrere Hundert Menschen. Viele Studenten wurden wegen dieser Lesungen exmatrikuliert. Vor dem 22. Parteitag der KPdSU im Herbst 1961 wurden die Versammlungen am Majakowski-Denkmal staatlicherseits endgültig aufgelöst. Am 6. Oktober

Was den Artikel 280.4 angeht, ist anzumerken, dass der Artikel völlig neu ist: Zum Zeitpunkt unserer Festnahme bestand er nicht länger als drei Monate, und es gab keinerlei [Rechts-]Praxis dazu. Immer wenn neue Gesetzesartikel aufgetaucht sind, die bestimmte Äußerungen verbieten, habe ich meine Rhetorik angepasst: Der Artikel über die „Diskreditierung [der Streitkräfte]"[3] ist erschienen, und kurz darauf wurde die erste Person verurteilt, die „Nein zum Krieg" gesagt hat. Also habe ich aufgehört, „Nein zum Krieg" zu sagen. Obwohl ich immer noch nicht verstehe, was das mit Diskreditierung zu tun hat. Dann kam der Artikel 207 – ein Artikel zu „Fakes [über die Armee]",[4] und ich habe aufgehört, Informationen jeglicher Art zu teilen, die nicht mit den Aussagen des Verteidigungsministeriums der Russischen Föderation vereinbar waren.

Wenn ich gewusst hätte, dass mich einige Dinge – ob für mich gesagt oder öffentlich geäußert – hinter Gitter bringen könnten, hätte ich geschwiegen. Da ich auch weiß, wie die Staatsanwaltschaft mit Begriffen wie „organisierte Gruppe" um sich wirft, hätte ich mich vielleicht von einer Person, die solche Dinge gesagt hat, distanziert. Ich hätte Gewissensbisse gehabt, hätte unter Angstzuständen gelitten, aber ich hätte geschwiegen.

Ich bin kein Held, und für meine Überzeugungen ins Gefängnis zu gehen war nie mein Plan. Ich bin ein Dichter und

---

1961 wurden die Dissidenten Eduard Kusnezow (*1939), Wladimir Osipow (1938-2020) und Ilja Bokstejn (1937-1999) verhaftet und im Februar 1962 wegen „antisowjetischer Agitation und Propaganda" zu je sieben bzw. Bokstejn zu fünf Jahren Lagerhaft verurteilt. Die aktuellen Lesungen finden seit mehr als zehn Jahren statt. Nach Bekanntwerden der Repressionen gegen Artjom Kamardin brachen sie ab.

3 Artikel 280.3
4 Artikel 207.3

kein emotional völlig ausgeglichener Mensch. Und ich habe eine Diagnose: eine „generalisierte Angststörung" oder, wie sie es im Serbski-Institut genannt haben, eine „gemischte Persönlichkeitsstörung", was jedoch kein Hindernis zu sein scheint, mich vor Gericht zu stellen.

Ich möchte Sie bitten, wenn Sie mich, aus welchen Gründen auch immer, nicht freisprechen können (obwohl ich betone, dass ich absolut unschuldig bin), sich auf eine Bewährungsstrafe zu beschränken.

Ich fürchte, dass meine Gesundheit – sowohl körperlich als auch psychisch – eine längere Haft nicht überstehen wird. Und die Möglichkeit, erneut hinter Gittern zu landen, die Möglichkeit, erneut gezwungen zu sein, mich von meiner Familie und meinen Freunden trennen zu müssen, wird abschreckend genug sein, um mich davon abzuhalten, mich zu heiklen Themen zu äußern.

Meine Überzeugungen werden sich nicht ändern, so wie sie sich unter Folter nicht geändert haben. Genauso wenig würden sie sich im Falle einer realen Haftstrafe ändern, nicht einmal unter der Androhung des Todes – es ist einfach unmöglich. Das funktioniert so nicht. Aber ich garantiere Ihnen, ich werde sie nicht mehr öffentlich äußern. Euer Ehren, lassen Sie mich nach Hause.

Es ist absurd

Oleg Orlow

26. Februar 2024

Oleg Orlow (*1953) aus Moskau ist von Beruf Biologe und Mitbegründer von *Memorial*. Er war Vorstandsmitglied der beiden durch die russländische Regierung verbotenen Organisationen *Memorial International* und *Menschenrechtszentrum Memorial* und wurde später Ko-Vorsitzender des *Zentrums zur Verteidigung der Menschenrechte Memorial*. Er dokumentierte zahlreiche Menschenrechtsverletzungen in den beiden Tschetschenienkriegen, oft unter Einsatz seines Lebens. Gegen den russländischen Aggressionskrieg in der Ukraine protestierte Orlow mehrmals öffentlich mit einem Plakat in der Hand,[1] wofür er Ordnungsstrafen erhielt. Am 14. November 2022 veröffentlichte er auf *Facebook* die russische Version seines in Frankreich erschienenen Aufsatzes „Sie wollten den Faschismus. Und sie haben ihn bekommen". Darin geißelt er den Krieg gegen die Ukraine, der zugleich das internationale Recht untergrabe und Russland seiner Zukunft beraube.
Am 21. März 2023 wurde ein Strafverfahren gegen Oleg Orlow eröffnet. Am 11. Oktober 2023 verurteilte ihn das Golowinski-Bezirksgericht in Moskau zu einer Geldstrafe von 150.000 Rubel.[2] Sowohl die Staatsanwaltschaft als auch Orlow fochten das Urteil an. Am 27. Februar 2024 verurteilte ihn das Golowinski-Bezirksgericht, an welches das Moskauer Stadtgericht den Fall zurücküberwiesen hatte, in zweiter Instanz gemäß Artikel 280.3-1 („Diskreditierung der Streitkräfte") zu zweieinhalb Jahren Lagerhaft. Um die Absurdität des Geschehens zu verdeutlichen, las Orlow während der Gerichtsverhandlung in Franz Kafkas Roman „Der Prozess". Er wurde noch im Gerichtssaal verhaftet.

---

1 Der Text auf einem der Plakate lautete: „UdSSR 1945 – ein Land, das den Faschismus besiegt hat. Russland 2022 – ein Land, in dem der Faschismus gesiegt hat."
2 Das entsprach zum Zeitpunkt der Verurteilung knapp 1.500 Euro.

> Am 1. August 2024 wurde Oleg Orlow im Rahmen eines internationalen Gefangenenaustauschs freigelassen und nach Deutschland gebracht.

Dieser Gerichtsprozess wurde an jenem Tag eröffnet, an dem die schreckliche Nachricht vom Tod Alexej Nawalnys[3] Russland und die gesamte Welt erschütterte. Auch mich hat sie erschüttert. Ich habe sogar erwogen, auf dieses letzte Wort zu verzichten. Wir sind alle noch im Schock, wem ist denn heute nach Worten? Doch dann dachte ich: Dies sind alles Glieder der gleichen Kette. Alexejs Tod, genauer: seine Ermordung; die strafrechtliche Verfolgung anderer Regimekritiker, darunter ich selbst; die Erstickung der Freiheit in diesem Land; die Invasion russländischer Truppen in der Ukraine. Daher habe ich mich doch entschlossen [zu sprechen].

Ich habe kein Verbrechen begangen. Ich stehe wegen eines Zeitungsartikels vor Gericht, in dem ich das politische Regime, das in Russland entstanden ist, totalitär und faschistisch genannt habe. Der Artikel wurde vor mehr als einem Jahr geschrieben. Damals dachten einige meiner Bekannten, ich würde zu dick auftragen.

Heute ist vollkommen offensichtlich, dass ich kein bisschen übertrieben habe. Der Staat hat nicht nur die Gesellschaft, die Politik und die Wirtschaft wieder unter seine Kontrolle gebracht, sondern strebt auch eine vollständige Kontrolle der Kultur und des wissenschaftlichen Denkens an, er dringt in das Privatleben ein. Er ist total.

In nur gut vier Monaten, die seit dem ersten gegen mich hier geführten Prozess vergangen sind, haben zahlreiche

---

3   16. Februar 2024; zu Alexej Nawalny siehe dessen letztes Wort in diesem Buch.

Ereignisse gezeigt, wie unser Land immer tiefer und tiefer in diesen Abgrund stürzt.

Ich nenne nur einige wenige von unterschiedlicher Tragweite:

- In Russland sind mittlerweile einige Bücher russischer Gegenwartsautoren verboten;
- eine gar nicht existierende „LGBT-Bewegung" wurde verboten. Konkret bedeutet das eine dreiste Einmischung des Staates in das Privatleben der Menschen;
- an der Moskauer Wirtschaftshochschule ist es Prüfungskandidaten verboten, „ausländische Agenten"* zu zitieren. Bevor Studenten sich mit einem Thema befassen, müssen sie nun zuerst die Liste der „ausländischen Agenten"* pauken;
- der bekannte Soziologe und linke Publizist Boris Kagarlizki[4] wurde wegen einiger weniger Worte über die Ereignisse in der Ukraine, die von der offiziellen Darstellung abwichen, zu fünf Jahren Freiheitsentzug verurteilt;
- eine Person, welche die Propagandisten „nationaler Führer" nennen, sagt öffentlich über den Beginn des Zweiten Weltkriegs: „Die Polen haben letztlich durch ihr Taktieren Hitler gezwungen, den Zweiten Weltkrieg eben in Polen zu beginnen. Warum begann der Krieg genau in Polen? Weil das Land nicht zu Kompromissen bereit war. Hitler blieb zur

---

4 Boris Kagarlizki (*1958), Soziologe und Publizist, wurde am 26. Juli 2023 inhaftiert. Am 12. Dezember 2023 wurde er gemäß Artikel 205.2-2 („Öffentliche Rechtfertigung von Terrorismus über das Internet") zu einer Geldstrafe von 600.000 Rubel (damals gut 6.000 Euro) verurteilt. Am 13. Februar 2024 wurde er in zweiter Instanz zu fünf Jahren Lagerhaft verurteilt und noch im Gerichtssaal verhaftet.

Umsetzung seiner Pläne nichts anderes, als mit Polen zu beginnen."⁵

Wie bezeichnet man eine politische Ordnung korrekt, in der diese Dinge geschehen? Meiner Ansicht nach gibt es hier keinen Zweifel. Leider hatte ich in meinem Artikel recht.

Verboten ist nicht nur öffentliche Kritik, sondern jedes eigenständige Urteil. Man kann für Dinge bestraft werden, die, so sollte man meinen, mit Politik oder Regimekritik nichts zu tun haben. In keinem Bereich der Kunst ist freier Ausdruck noch möglich, es gibt keine freien Geistes- und Sozialwissenschaften mehr, es gibt auch kein Privatleben mehr.

Jetzt einige Worte zu den gegen mich erhobenen Vorwürfen, die in vielen ähnlichen Prozessen auch gegen andere Kriegsgegner erhoben werden. Ich habe zu Beginn dieses Verfahrens erklärt, dass ich mich daran nicht beteiligen werde und hatte daher Zeit, während der Sitzungen Franz Kafkas Roman „Der Prozess" zu lesen. Unsere heutige Situation hat einiges gemeinsam mit der Lage, in die Kafkas Held geraten ist: Absurdität und Willkür, die hinter einem Schleier aus pseudo-rechtsstaatlichen Prozeduren versteckt werden.

Wir werden der Diskreditierung beschuldigt, ohne dass erklärt wird, was das bedeutet und wie diese sich von erlaubter Kritik unterscheidet. Wir werden beschuldigt, wissentlich falsche Behauptungen verbreitet zu haben, ohne dass bewiesen wird, dass sie tatsächlich falsch sind. Genauso ging der sowjetische Staat vor, wenn er jede Kritik als Lüge bezeichnete. Der Versuch zu beweisen, dass die Aussagen korrekt sind, ist selbst strafbar. Wir werden beschuldigt, ein System

---

5 Diese Äußerungen machte Putin in dem Interview, das er Tucker Carlson im Februar 2024 gab.

von Glaubenssätzen und eine Weltanschauung nicht zu teilen, die von der Führung unseres Landes als wahr bezeichnet werden. Und dies, obwohl Russland keine Staatsideologie haben darf.[6] Wir werden verurteilt, weil wir daran zweifeln, dass der Überfall auf ein Nachbarland dem Ziel der Erhaltung des zwischenstaatlichen Friedens und der Sicherheit dient.

Es ist absurd. Kafkas Held weiß bis zum Ende des Romans nicht, was ihm vorgeworfen wird, gleichwohl wird er verurteilt und hingerichtet. Uns wird der Grund der Anklage genannt, aber man kann diesen, wenn man sich an das Recht und die Logik hält, nicht verstehen.

Übrigens wissen wir im Unterschied zu Kafkas Held, warum wir festgenommen, vor den Haftrichter gestellt, verhaftet, verurteilt und umgebracht werden. Wir werden dafür bestraft, dass wir das Regime kritisieren. Dies ist im heutigen Russland absolut verboten.

Duma-Abgeordnete, Untersuchungsbeamte, Staatsanwälte und Richter sprechen das nicht offen aus. Sie verbergen es in ihren sogenannten Gesetzen, Anklageschriften und Urteilen unter absurden und widersprüchlichen Formeln. Aber es ist ein Fakt.

Gegenwärtig werden in den Lagern und Gefängnissen Alexej Gorinow,[7] Alexandra Skotschilenko,[8] Igor Baryschni-

---

6 In der Verfassung der Russischen Föderation heißt es in Artikel 13.2: „Keine Ideologie darf als staatliche oder verbindliche festgelegt werden."
7 Zu Alexej Gorinow siehe die entsprechende Fußnote zum letzten Wort von Lilia Tschanyschewa.
8 Zu Aleksandra Skotschilenko siehe deren letztes Wort in diesem Buch.

kow,[9] Wladimir Kara-Mursa[10] und viele andere langsam zu Tode gebracht.[11] Sie werden getötet, weil sie gegen das Blutvergießen in der Ukraine protestiert haben, weil sie wollen, dass Russland ein demokratisches, blühendes Land wird, das keine Bedrohung für seine Nachbarn darstellt.

In den letzten Tagen wurden Menschen weggezerrt, mit Geldstrafen oder sogar Arreststrafen belegt, nur weil sie zu einer Gedenkstätte zur Erinnerung an die Opfer der politischen Repressionen gekommen waren, um dort des ermordeten Alexej Nawalny zu gedenken, dieses bemerkenswerten, mutigen und aufrichtigen Menschen, der unter unfassbar grausamen, speziell für ihn geschaffenen Umständen den Optimismus und den Glauben an die Zukunft unseres Landes nicht verlor. Ohne allen Zweifel wurde er ermordet, ganz gleich, unter welchen konkreten Umständen er gestorben ist. Das Regime kämpft sogar noch gegen den toten Nawalny, es hat sogar vor seinem Leichnam Angst. Und zu Recht! Es zerstört spontan entstandene Orte des Gedenkens an ihn.

---

9 Igor Baryschnikow (*1959), Bürgerrechtsaktivist, wurde am 22. Juni 2023 vom Stadtgericht Sowjetsk im Kaliningrader Gebiet, wo er wohnte, zu siebeneinhalb Jahren Lagerhaft verurteilt und noch im Gerichtssaal verhaftet.
10 Zu Wladimir Kara-Mursa siehe dessen letztes Wort in diesem Buch.
11 Gorinow hatte vor der Haft eine schwere Lungenoperation. In der Haft verschlechterte sich sein Gesundheitszustand, im Dezember 2022 wurde er in das Krankenhaus der föderalen Strafvollzugsanstalt IK-3 in der Region Wladimir verlegt. Die Kolonie, in der sich das Krankenhaus befindet, ist für ihre Folterungen bekannt – im April 2021 wurde Alexej Nawalny zur Behandlung dorthin gebracht. Skotschilenko hat eine Herzkrankheit und Zöliakie (schwere Glutenunverträglichkeit), die wegen inadäquater Ernährung in der Haft schwere Gesundheitsschäden nach sich zieht. Baryschnikow hat Krebs. Kara-Mursa leidet an den Folgen der Vergiftungen (z.B. Polyneuropathie), die ihm 2015 und 2017 zugefügt wurden.

Wer so etwas tut, hofft darauf, dass es auf diese Weise gelingt, jenen Teil der russländischen Gesellschaft zu demoralisieren, der weiter Verantwortung für unser Land übernimmt. Diese Hoffnung darf sich nicht erfüllen.

Alexej hat uns zugerufen: „Gebt nicht auf!" Ich füge hinzu: Verzweifelt nicht, verliert nicht den Optimismus. Denn die Wahrheit ist auf unserer Seite. Jene, die unser Land in den Abgrund geführt haben, in dem es sich heute befindet, stehen für das Alte, das Hinfällige, das Absterbende. Sie haben kein Bild von der Zukunft, nur Zerrbilder der Vergangenheit, Illusionen von „imperialer Größe". Sie stoßen Russland rückwärts, zurück in eine Antiutopie, die Wladimir Sorokin in seinem Roman „Der Tag des Opritschniks" beschrieben hat.[12] Wir aber leben im 21. Jahrhundert, uns gehört die Gegenwart und die Zukunft – und dies ist das Unterpfand unseres Sieges.

Zum Schluss will ich, unerwartet vielleicht für viele, mich an jene wenden, die mit ihrer Arbeit das Rad der Repressionen antreiben. An die Beamten in den Ministerien, an die Angestellten der Sicherheitsorgane, an die Richter und Staatsanwälte. In Wahrheit verstehen Sie sehr gut, was passiert. Lange nicht alle von Ihnen sind überzeugt, dass politische Repressionen richtig sind. Manchmal bedrückt es Sie, dass Sie Teil davon sind, aber Sie sagen sich: „Was kann ich schon tun? Ich erfülle nur die Anordnungen von oben. Gesetz ist Gesetz."

---

12 Der 2006 erschienene Roman zeichnet mit dem Tag eines „Auserwählten" die Dystopie eines absolutistischen Russlands, das sich von der Außenwelt isoliert und in dem der Alleinherrscher mit Hilfe der *Opritschniki* wie zu Zeiten Iwans des Schrecklichen seine Macht brutal durchsetzt.

Ich wende mich an Sie, Euer Ehren, und an den Vertreter der Anklage. Haben Sie keine Angst? Macht es Ihnen keine Angst, wenn Sie sehen, was aus unserem Land wird, das Sie wahrscheinlich ebenfalls lieben? Macht es Ihnen keine Angst, dass vielleicht nicht nur Sie und Ihre Kinder, sondern, Gott bewahre, auch Ihre Enkel in dieser Absurdität, in dieser Antiutopie leben müssen? Kommt Ihnen wirklich das Offensichtliche nicht in den Sinn? Dass das Rad der Repressionen früher oder später auch über jene hinwegrollen wird, die es in Gang gesetzt und angetrieben haben? Die Geschichte kennt viele solche Beispiele.

Ich wiederhole, was ich bereits beim letzten Prozess gesagt habe. Ja, Gesetz ist Gesetz. Aber erinnern Sie sich daran, dass in Deutschland im Jahr 1935 die sogenannten Nürnberger Gesetze beschlossen wurden. Doch nach dem siegreichen Jahr 1945 standen jene vor Gericht, die diese Gesetze ausgeführt haben.

Ich kann nicht mit absoluter Sicherheit sagen, ob diejenigen, die heute in Russland widerrechtliche, verfassungswidrige Gesetze ausführen, selbst dafür vor Gericht stehen werden. Aber eine Strafe wird es unausweichlich geben. Ihre Kinder oder Enkel werden sich schämen, davon zu sprechen, wo ihre Väter, Mütter, Großväter und Großmütter in Dienst gestanden und was sie getan haben. Das Gleiche geschieht mit denjenigen, die auf Befehl in der Ukraine Verbrechen begehen. Meiner Ansicht nach ist dies die schrecklichste Strafe. Und sie kommt unausweichlich.

Nun, ich werde auch unweigerlich bestraft werden, weil unter den heutigen Bedingungen ein Freispruch bei einer solchen Anklage unmöglich ist. Und jetzt werden wir sehen, wie das Urteil ausfällt. Wie auch immer: Ich bedaure und bereue nichts.

Ich bitte alle Bürger der Ukraine um Verzeihung

Roman Iwanow

5. März 2024

> Roman Iwanow (*1973) ist Journalist in Koroljow im Moskauer Gebiet. Am 11. April 2023 wurde er nach einer Hausdurchsuchung verhaftet und gemäß 207.3-2 „Verbreitung von Falschnachrichten über die russländische Armee" angeklagt. Er hatte in sozialen Netzwerken über die Verbrechen der russländischen Armee im ukrainischen Butscha, über einen Bericht der Vereinten Nationen zu Kriegsverbrechen der russländischen Armee und über die Bombardierung ziviler Infrastruktur in der Ukraine geschrieben. Das Stadtgericht in Koroljow verurteilte ihn am 6. März 2024 zu sieben Jahren Lagerhaft.

Euer Ehren, ich habe kein letztes Wort vorbereitet. Daher werde ich einfach sagen, was mir durch den Kopf geht. Ich möchte hier nicht über die Arbeit von Journalisten sprechen und über die Schwierigkeiten, die sie in Russland haben. Denn es gibt in Russland keinen Journalismus mehr. Ich will kein Urteil über das Justizwesen und über dieses Gericht abgeben, denn ein Justizwesen, das nach rechtsstaatlichen Prinzipien verfährt, gibt es in Russland nicht mehr. Ich will nicht über Politik sprechen, denn eine solche gibt es in Russland auch nicht mehr. Ich will einfach von uns sprechen, von den Menschen in Russland. Davon, dass wir alle glücklich sein wollen.

So ist der Mensch geschaffen, er träumt davon, glücklich zu sein. Sind diejenigen glücklich, die diesen Strafprozess gegen mich angestrengt haben, die ein Urteil über mich sprechen, die mich bewachen? Während ich unglücklich bin und meine Familie unglücklich ist? Natürlich nicht. Die Frage lautet also, warum wir um uns herum Schmerz und Leid verbreiten, warum unser Land sich in eine Lawine verwandelt hat, die alles unter Schmerz und Leid vergräbt.

Als unabhängiger Journalist in Koroljow habe ich versucht, jedes menschliche Leid wahrzunehmen, allen zu helfen, die ein Problem haben. Eine der schrecklichsten Folgen dieses Prozesses wird für mich wohl sein, dass ich nicht mehr über die Probleme der Menschen in Koroljow berichten kann. Dass ich ihnen nicht mitteilen kann, was in der Stadt vor sich geht.

Vielleicht rede ich ein wenig wirr. Ich habe vom Glück gesprochen. Glück kann sich nur im Umfeld von Menschen verbreiten, die selbst glücklich sind. Ich betrachte mich als einen glücklichen Menschen, weil ich Freunde habe, die jederzeit bereit sind, mir zu helfen. Ich habe eine Familie, mit der ich jedoch seit zehn Monaten nicht mehr sprechen kann. Ich habe eine Frau, die ich liebe. Ich bin der glücklichste Mensch auf der Welt, weil sie meine Frau werden wollte. Sie versuchen, mich unglücklich zu machen. Ich weiß nicht, wozu Ihnen das dient. Mir tut meine Familie leid, meine Frau. Denn wir hatten gemeinsame Pläne, Familienpläne. Wir wollten Eltern werden. Jetzt ist ungewiss, was daraus wird.

Ich weiß nicht, warum ich unglücklich gemacht werden soll. Ich verstehe das nicht. Ich werde trotzdem glücklich sein. Und als glücklicher Mensch um mich herum Güte und Glück verbreiten. Ich zürne niemandem. Auch nicht jenen, die die Tür zu meiner Wohnung aufgebrochen und dort alles durchwühlt haben. Ich zürne niemandem. Zürnen ist falsch.

Ich habe von Beginn an gesagt, dass die „Spezialoperation"* ein Verbrechen ist. Vom ersten Tag an habe ich den Menschen gesagt, dass sie nichts als Unglück und Leid bringt. Vermutlich haben wir alle als Kinder Maeterlincks „Blauen Vogel"[1] gelesen. Dort geht es um die Suche nach dem Glück. Darum, diesen Vogel in der Hand zu halten. Der schrecklichste Moment in diesem Buch ist der, in dem Tyltyl den Blauen Vogel im Palast der Königin der Nacht sucht. Dazu muss er eine Tür zu jener Höhle öffnen, hinter der sich der Krieg befindet. Er öffnet sie nur für eine Sekunde und schlägt sie sofort wieder zu. Etwas Schrecklicheres hat Tyltyl noch nie im Leben gesehen. Diese Tür ist heute nicht nur einen Spalt breit geöffnet, sie steht sperrangelweit offen.

Wenn ich unglücklich bin, wird auch meine Familie unglücklich sein. Und dieses Schicksal wird früher oder später jeden in diesem Land ereilen. Das Unglück verbreitet sich heute wie eine Lawine.

Zum Schluss will ich von einem ganz gewöhnlichen Ereignis erzählen, das mich im Herzen und in der Seele ergriffen hat. Meine Frau und ich sind im Sommer 2018 in die Ukraine gefahren, einfach mit dem Auto in den Urlaub in die Nähe von Odesa. Alle haben mir damals gesagt, dass man da nicht hinfahren kann, dass man mich als Russen erkennen und dann umbringen werde. Nichts dergleichen ist passiert. Wir sind an der Küste entlang durch das gesamte Gebiet Odesa gefahren, bis nach Witejew an der Grenze zu Rumänien. Wir hatten ein Zelt dabei und haben überall dort haltgemacht, wo Touristen dies eben tun. Es waren sehr viele Ukrainer aus

---

1 Das Drama „Der blaue Vogel" von Maurice Maeterlinck wurde 1908 in Moskau uraufgeführt.

vielen verschiedenen Städten da. Und selbst die Leute in Zelten mit Ukrainefahne haben nichts gesagt. Keinerlei Vorwürfe. Obwohl der Krieg schon im Gange war, in Donezk, in Luhansk. Wir waren überall willkommen, haben uns mit allen hervorragend verstanden. Weil wir nicht in einem Panzer dort hingefahren sind. Weil wir nicht mit dem Recht des Stärkeren kamen.

Ich war damals erschüttert, dass man in der Ukraine praktisch niemanden aus Russland traf. Der Sommer am Schwarzen Meer ist wunderschön, alle machen Urlaub – Ukrainer, Polen, Leute aus dem Baltikum, Moldauer aus Transnistrien. Aber fast niemand aus Russland. Es hat mir im Herzen wehgetan, dass dieses verbrecherische Regime unsere Völker – Menschen, die sich so nahe standen – auseinandergerissen hat.

Als wir unser Zelt in Lebediwka aufgebaut hatten, wo es sehr viele Camping-Touristen gibt, haben wir eine Familie aus der Nähe von Kyjiw kennengelernt, aus Bila Zerkwa. Ein Paar mit zwei Kindern. Ein Junge, ungefähr dritte Klasse, und ein etwas jüngeres Mädchen. Wir haben uns angefreundet, zusammen Brettspiele gespielt, wir hatten viel Spaß. Aber mir ist aufgefallen, dass die Kinder ein wenig angespannt wirkten. Das erschien mir seltsam. Bis dies passierte, es war ein Schock: Der Junge fragte mich, ob wir wirklich aus Russland kommen. Wir sagten, „ja, aus Russland", und er fragte: „Wirklich aus Moskau?" „Ja, na ja, nicht ganz, aus Koroljow, einer Stadt in der Nähe von Moskau." Eine ganze Weile sagte er gar nichts und dann fragte er völlig ernst, ohne jeden Spaß: „Und Sie werden uns nicht umbringen?" Es ist eine Untertreibung, wenn ich sage, dass ich schockiert war.

Ich war erschüttert von dem, was bereits passiert war und von dem Gedanken an das, was noch passieren konnte.

Ich habe mit den Eltern gesprochen, sie gefragt, warum die Kinder so etwas denken. Der Vater sagte: „Na, wegen des Kriegs im Donbas, sie lernen in der Schule, dass Russland einen Angriff auf die Ukraine plant." Ich habe die Eltern gebeten, den Kindern zu erklären, dass gewöhnliche Russen, normale Menschen aus Russland, den Ukrainern nichts Böses wollen, dass das Problem bei Russlands oberster Staatsführung liegt.

Das ist einige Jahre her, jetzt sind wir im Jahr 2024, und mich quält der fürchterliche Gedanke, dass ich diese Kinder betrogen habe, als ich ihnen gesagt habe, sie sollen keine Angst haben, es wird nichts passieren, wir werden sie nicht umbringen. Wir bringen sie um, das ist eine bittere Tatsache. Ich weiß nicht, was mit dieser Familie passiert ist, nur dass auch auf Bila Zerkwa Raketen niedergegangen sind. Aber ich werde für immer an sie denken. Ich vermute, wenn ich sie je wiedersehen sollte, wird es sehr schwer sein, sich mit ihnen zu unterhalten. Wie früher wird es nicht mehr sein.

Ich habe meinen ersten *Post* über Butscha verschickt, damit die Menschen in Russland sehen, wie furchtbar der Krieg ist. Dass er nichts als Angst, Schmerz, Leid, Zerstörung und Verlust bringt. Über ein anderes Land und über unseres auch. Tausende Familien haben allernächste Angehörige verloren. Väter, Kinder, Söhne sind nicht zurückgekommen. Und in anderen Familien hat man jeden Tag Angst vor einer Todesnachricht.

Wir müssen verstehen, dass all das, was geschehen ist, unsere Schuld ist. Ich bekenne: Auch ich trage Schuld daran.

Als Bürger Russlands, der dies zugelassen hat, der es dem Regime erlaubt hat, solche fürchterlichen Entscheidungen zu treffen. Als Journalist, der die Gesellschaft nicht erreicht hat, ihr nicht erklären konnte, dass das Recht des Stärkeren ins Mittelalter gehört, dass wir im 21. Jahrhundert leben und dass es schrecklich und primitiv ist, sich an tumben Gefühlen zu berauschen.

Was können wir jetzt noch tun? Ehrlich gesagt, ich weiß es nicht. Aber ich bitte alle Bürger der Ukraine, denen unser Land Leid gebracht hat, denen es Verwandte und Freunde geraubt hat, um Verzeihung. Ich bitte nicht im Namen des ganzen Landes, sondern als Bürger der Russischen Föderation, Roman Wiktorowitsch Iwanow. Ich knie nieder vor den Angehörigen der Ermordeten von Butscha. Ich weiß nicht genau, wer diese Menschen ermordet hat, aber ihr Tod ist eine Folge der Entwicklung in unserem Land. Danke.

Das Böse wird nicht durch sich selbst bestraft

Asat Miftachow

28. März 2024

Asat Miftachow (*1993) ist Doktorand der Mathematik an der Staatlichen Universität Moskau. Er vertritt anarchistische Ansichten. Nach Angaben der Strafverfolgungsbehörden beteiligte er sich an der libertären Bewegung *Selbstverteidigung des Volkes*.[1]

Am 1. Februar 2019 wurde Miftachow in Zusammenhang mit dem Angriff auf ein Büro der Partei *Einiges Russland* – dort war ein Fenster eingeschlagen worden – verhaftet. Am 18. Januar 2021 verurteilte ihn das Golowinski-Bezirksgericht in Moskau gemäß Artikel 213.2 („Rowdytum einer Gruppe von Personen nach vorheriger Absprache") zu sechs Jahren Lagerhaft, die später auf fünf Jahre und neun Monate herabgesetzt wurden.

Als er am 4. September 2023 entlassen werden sollte, wurde Asat Miftachow erneut inhaftiert und in das Untersuchungsgefängnis Jekaterinburg gebracht. Das Zentrale Bezirksmilitärgericht Jekaterinburg verurteilte ihn am 28. März 2024 nach Artikel 205.2-1 („Öffentlicher Aufruf zu oder Rechtfertigung von Terrorismus") zu vier Jahren Haft, wobei die ersten zweieinhalb Jahre im Gefängnis und die restliche Zeit in einem Lager mit strengem Haftregime zu verbüßen sind.

---

1 *Narodnaja Samooborona (Selbstverteidigung des Volkes)* ist eine russische anarchistische Organisation, die 2013 gegründet wurde. Nach dem Bombenanschlag des Anarchisten Michail Schlobizki im FSB-Gebäude in Archangelsk am 31. Oktober 2018, bei dem drei FSB-Beamte verletzt und er selbst getötet wurde, begann eine Verfolgungswelle gegen Anhänger von *Narodnaja Samooborona*. Im September 2022 wurde die Organisation als „terroristisch"* eingestuft. *OVD-Info* sind 54 Strafverfahren wegen „Rechtfertigung von Terrorismus" bekannt, welche die Strafverfolgungsbehörden nach der Explosion gegen Personen einleiteten, die sich in sozialen Netzwerken dazu geäußert hatten. Zu Schlobizki siehe auch das letzte Wort von Swetlana Prokopjewa in diesem Buch.

Auch während meiner Haftjahre, die ich für das vergangene Vergehen bereits abgesessen habe, ist meine Liebe zum Staat keineswegs entflammt – und nun befinde ich mich wieder auf der Anklagebank. Dieses Mal werde ich für etwas verurteilt, was die Sicherheitsorgane als „Rechtfertigung von Terrorismus" bezeichnen, wobei sie die Beweise genauso fälschen, wie sie es vor fünf Jahren getan haben. Die Offensichtlichkeit und die Dreistigkeit dieser Fälschungen beunruhigen sie in keiner Weise, sondern sie sind ihnen sogar von Nutzen. Es ist, als würden sie uns sagen: „Wir können jeden ins Gefängnis stecken und das ohne die geringste Mühe." Dieselbe Dreistigkeit sehen wir bei den unzähligen Fällen von unmenschlicher Folter durch die Beschützer des Regimes aus dem FSB,* und diese Beschützer sind überhaupt nicht beunruhigt, wenn ihre schändlichen Handlungen allgemein bekannt werden. Ganz im Gegenteil, sie brüsten sich dieser Handlungen geradezu. Auf diese Weise lässt der Staat sein terroristisches Wesen erkennen, worauf die Anarchisten vor den letzten Präsidentschaftswahlen hingewiesen haben, als sie mit der Losung „FSB – der größte Terrorist" auf die Straße gegangen sind. Mittlerweile wurde das, was wir damals gesagt haben, nicht nur für die Menschen in unserem Land offensichtlich, sondern in der ganzen Welt. Wir sehen jetzt, dass die gesamte Außen- und Innenpolitik des Staates zu kontinuierlichen Morden und Einschüchterungen führt. Zur selben Zeit, in der falsche Zeugen meine angebliche „Rechtfertigung von Terrorismus" belegen, werden auf allen Kanälen Aufrufe zum Massenmord an denen, die nicht mit der Politik des Staates einverstanden sind, verbreitet. Wir sehen, dass der Staat, der zwar verbal den Kampf mit dem

Terrorismus proklamiert, in Wirklichkeit bestrebt ist, sein Terrormonopol aufrechtzuerhalten.

Gleichzeitig sehen wir selbst in den heutigen dunklen Zeiten – unabhängig davon, wie sehr die Tschekisten* versuchen, die Zivilgesellschaft einzuschüchtern – Menschen, die den Mut finden, sich gegen den Terror zu stellen, der sich mittlerweile auch außerhalb der Landesgrenzen ausbreitet. Durch ihre Handlungen, durch ihre damit verbundene Bereitschaft, nicht nur ihre Freiheit, sondern sogar ihr Leben zu opfern, wecken sie das Gewissen unserer Gesellschaft, dessen Mangel wir im Moment so deutlich fühlen. Ihre Standhaftigkeit, mit der sie bereit sind, konsequent bis zum Ende zu gehen, dient uns allen als Beispiel.

Eines dieser Beispiele ist für mich mein Freund Dmitrij Petrow (der auch den Namen Dima Ekolog trug),[2] der starb, als er Bachmut gegen Soldaten verteidigte, die zum Instrument des Imperialismus geworden sind. Ich kannte ihn als feurigen Anarchisten, der unter den Bedingungen der Diktatur alles Mögliche dafür tat, uns in eine Gesellschaft zu führen, die auf den Prinzipien der gegenseitigen Hilfe und der direkten Demokratie beruht. Als Absolvent der historischen Fakultät der MGU* und als promovierter Historiker hatte er sehr klar strukturierte Überzeugungen hinsichtlich des Aufbaus der Gesellschaft und konnte seine Position sehr gut darlegen, etwas, das mir immer schwerfiel. Gleichzeitig hat er sich nicht mit dem Theoretisieren zufriedengegeben, sondern hat sich aktiv am Aufbau einer Partisanenbewegung

---

2 Dmitrij Petrow (1989-2023) war Historiker, Ethnograf und Anarchist. Er engagierte sich in ökologischen, sozialen und kulturellen Projekten. 2022 schloss er sich freiwillig der ukrainischen Armee an und fiel im April 2023 in Bachmut.

beteiligt, was dem FSB* nicht entgangen ist. Aus diesem Grund war er gezwungen, seine anarchistische Tätigkeit in der Ukraine fortzusetzen.

Als die unglückseligen Ereignisse der letzten zwei Jahre begannen, konnte er sich nicht gleichgültig verhalten und als aktiver Mensch, der er war, versuchte er, eine Einheit libertär denkender Menschen zusammenzustellen, die für die Freiheit der Völker der Ukraine und Russlands kämpften. Leider gibt es keinen Krieg ohne Opfer, und Dima ist eines von ihnen. Es wäre unglaublich egoistisch von mir, wenn ich mich nur für die Selbstaufopferung von Leuten begeistern würde, die ich nicht kenne und nicht das Opfer jener Menschen akzeptieren würde, die mir persönlich teuer sind. Dies habe ich mir klargemacht, auch wenn ich es sehr bedauere, dass alle meine Gespräche mit ihm nun einer Vergangenheit angehören, die nicht wiederkehren wird. Und so fällt es mir schwer, diesen Verlust zu akzeptieren: Ich weiß, dass er einer unserer Besten war, und ich möchte alles Mögliche dafür tun, dass sein Opfer nicht umsonst war, muss aber zugeben, dass mein Beitrag unbedeutend sein wird im Vergleich zu dem, wozu er fähig war.

Möglicherweise kommt das, was ich gerade gesagt habe, für einige unerwartet. Ich kann nicht ausschließen, dass einige der Menschen, die mich unterstützt haben, nun enttäuscht sind, da es mir sonst leider kaum möglich ist, öffentlich zu sprechen. Es kann sein, dass einige mit meinen Überzeugungen nicht einverstanden sind, die mit dem Pazifismus nicht vereinbar sind. Wenn ich jedoch versuche, die Dinge so rational wie möglich zu sehen, muss ich dem Glauben an unbewiesene Behauptungen eine Absage erteilen. So glaube ich zum Beispiel nicht an die Gerechtigkeit der Welt. Ich glaube nicht daran, dass das Böse durch sich selbst bestraft wird. Genau deswegen unterstütze ich einen aktiven Widerstand gegen das Böse und einen Kampf für eine bessere Welt für uns alle.

Aber selbst wenn nicht all jene, die mich unterstützt haben, meine Überzeugungen teilen, bin ich ihnen dennoch sehr dankbar für ihre Hilfe.

Ich danke denen, die mir Briefe voller Wärme und guter Wünsche geschrieben haben. Selbst in der Einöde, in der sich das Straflager befand, habe ich praktisch jede Woche stapelweise Post bekommen. Ich bin überzeugt, dass diese große Aufmerksamkeit jenen nicht entgangen ist, die sich das Ziel gesetzt haben, mich zu brechen. Mir ist es sehr angenehm und es rührt mich sehr, dass Menschen mich an ihrem Leben teilhaben lassen, gleichgültig ob an freudigen Eindrücken oder freudigen Emotionen. Jeder Brief ist mir unglaublich wichtig, es gibt keinen, den ich nicht aufmerksam lesen würde.

Ganz vielen Dank auch jenen, die mir finanzielle Hilfe leisten, was dazu führte, dass ich all die Jahre meiner Haft kein einziges Mal in materieller Not war. Es kam vor, dass das Geld, das für meine Unterstützung gesammelt wurde, zu Ende ging, aber es reichte aus, die Kunde zu verbreiten und in wenigen Tagen haben Menschen, die nicht gleichgültig sind, mein Guthaben wieder auf eine beruhigende Höhe gebracht. Das ist sehr angenehm und ich werde das nie vergessen. Besonderen Dank an Wladimir Akimenkow,[3] der bereits

---

3   Wladimir Akimenkow (*1987), Aktivist der Organisation *Linke Front*, befand sich in Zusammenhang mit dem *Bolotnaja*-Verfahren vom

seit mehr als zehn Jahren Geldsammlungen zur Unterstützung von politischen Gefangenen organisiert, unter anderem auch für mich.

Ich bin den Aktivisten der Gruppen *FreeAzat* und *Solidarity FreeAzat*[4] sehr dankbar, die Solidaritätsaktionen und Veranstaltungen für mich durchgeführt haben in einem Umfang, der mich sprachlos macht. Eure erst kürzlich durchgeführte Aktion „1001 Briefe" war eine davon. Ich war angenehm überrascht zu erfahren, dass Menschen in Dutzenden anderen Ländern Anteil an meinem Schicksal nehmen. Ein ganz großer Dank an alle, die sich an dieser Aktion beteiligt haben und mir auf diese Weise gezeigt haben, wie stark Ihr mich unterstützt.

Ich danke den Mathematikern der ganzen Welt und konkret dem *Committee Azat Miftakhov*, das für mich Unterstützung unter Mathematikern mobilisiert hat. Es rührt mich sehr, dass Menschen, gegenüber denen ich große Ehrfurcht empfinde und deren wissenschaftliche Leistungen ich hoffe, eines Tages ebenfalls vollbringen zu können, mich kennen und ihre Solidarität zum Ausdruck bringen.

Ein großer Dank an alle, die mein Schicksal öffentlich gemacht haben, ein ganz besonderer Dank an Michail

---

10. Juni 2012 bis Mitte Dezember 2013 in Untersuchungshaft. Mit den *Bolotnaja*- Prozessen ging die russische Staatsmacht gegen zahlreiche Oppositionelle vor. Anlass waren Demonstrationen gegen Wahlfälschungen bei der Parlamentswahl vom 4. Dezember 2011. Die Demonstrationen begannen am 5. Dezember 2011 und mündeten in den „Marsch der Millionen", der am 6. Mai 2012 auf dem Moskauer *Bolotnaja*-Platz endete.

4   Der Name Asat Miftachow wird im Englischen Azat Miftakhov geschrieben.

Lobanow,[5] der unter anderem auch wegen seiner aktiven Unterstützung für mich gezwungen war, nach Frankreich zu emigrieren. Aber selbst von dort, ungeachtet aller Schwierigkeiten, die sich aus dem Emigrantendasein ergeben, ist seine Solidarität mit mir so stark wie früher.

Ich danke auch den russländischen Aktivisten, die nicht zu den bereits genannten Gruppen gehören, die sich mit mir unter den Bedingungen einer Diktatur solidarisiert haben und deshalb einiges riskieren. Ich bin allen dankbar, die diesen Prozess besucht haben und mich allein durch ihre Anwesenheit unterstützt haben. Einige von Euch haben dafür Hunderte von Kilometern zurückgelegt und mancher hat dies mehr als nur ein- oder zweimal getan. Wieder einmal war ich angenehm überrascht über die große Aufmerksamkeit, die mir zuteilwird.

Ein ganz herzlicher Dank gilt den ehrlichen Journalisten, die mit ihrer Arbeit der Gesellschaft ermöglichen, den Prozess gegen mich zu verfolgen.

Ich danke meiner Anwältin Swetlana Sidorkina,[6] die mich mit großer Hingabe in den Prozessen verteidigt. Immer wieder beeindruckt mich ihre Professionalität und ich bin überzeugt, dass ich riesiges Glück hatte, sie als Verteidigerin zu haben. Zum Schluss möchte ich Lena danken, meiner wichtigsten Unterstützung bei all den harten Widrigkeiten,

---

5 Michail Lobanow (*1984) war Dozent an der mechanisch-mathematischen Fakultät der Moskauer Staatlichen Universität, wo Asat Miftachow im Begriff war zu promovieren. Er bezeichnet sich selbst als demokratischen Sozialisten und trat 2021 zur Parlamentswahl an. Am 23. Juni 2023 listete ihn das Justizministerium als „ausländischen Agenten"*; zwei Wochen später verließ er Russland.
6 Swetlana Sidorkina hat auch Angeklagte der *Bolotnaja*-Prozesse verteidigt.

die mich treffen. Sie gibt alles, um mir zu helfen, alle Schwierigkeiten meiner Haft zu überwinden. Und außerdem bin ich glücklich, dass ich sie liebe.

Ich beende meine Danksagung, obwohl mich das Gefühl nicht verlässt, dass ich jemanden übersehen habe. Dies wäre möglich angesichts der kolossalen Unterstützung, die ich vom ersten Moment meiner Verhaftung an erfahren habe. Es freut mich sehr zu sehen, dass ich längst nicht der Einzige bin, den Ihr unterstützt. Dass ungeachtet der traurigen Ereignisse der letzten Jahre Eure Solidarität keine Grenzen kennt, gibt mir Hoffnung auf eine baldige helle Zukunft für uns alle.

Der Preis dafür, sich nicht an Verbrechen zu beteiligen

Ioann Aschtscheulow, Alexej Aschtscheulow, Timofej Aschtscheulow

3. Juli 2024

Ioann Aschtscheulow[1] (*2000), Alexej Aschtscheulow (*2003) und Timofej Aschtscheulow (*2005) sind Söhne des Priesters Igor Aschtscheulow aus Lipezk. Ioann Aschtscheulow ist Physiker und lebte vor seiner Verhaftung in Minsk. Seine beiden jüngeren Brüder wohnten in Sankt Petersburg und arbeiteten in einer Autowerkstatt. Die drei Brüder wurden verhaftet, weil sie im Sommer 2023 versucht haben sollen, in der Region Kursk die Grenze zur Ukraine zu überqueren, um sich den ukrainischen Truppen anzuschließen. Am 3. Juli 2024 verurteilte das Militärgericht des zweiten westlichen Bezirks Ioann, Alexej und Timofej Aschtscheulow gemäß Artikel 275 („versuchter Staatsverrat"), Artikel 322 („versuchter illegaler Grenzübertritt") und Artikel 205.5 („Beteiligung an den Aktivitäten einer als terroristische Vereinigung anerkannten Organisation")* zu 17 Jahren und sechs Monaten bzw. (die beiden jüngeren Brüder) zu je 17 Jahren Lagerhaft. Die ersten drei Jahre müssen sie im Gefängnis verbüßen.

Am 7. Juli 2024 teilte die russländische Nachrichtenagentur TASS mit, dass gegen Ioann Aschtscheulow wegen seines letzten Wortes vor Gericht ein neues Verfahren gemäß Artikel 280.3-2 („Diskreditierung der Streitkräfte") eingeleitet werde könnte.

Ioann Aschtscheulow

Ich glaube, dass die russländischen Machthaber im Namen des russländischen Staates ein großes Verbrechen – das größte im 21. Jahrhundert – begangen haben und weiterhin begehen.

---

1 sprich Aschtsche-ulow

Meine Taten, für die man mich verurteilt, waren ein Versuch, mich diesem Verbrechen in den Weg zu stellen, das im Namen meines Landes, meines Volkes und insbesondere in meinem Namen als Bürger dieses Landes verübt wird.

Die Taten der Regierung – insbesondere von Wladimir Putin – gegen den ukrainischen Staat fallen unter Artikel 353 des Strafgesetzbuches der Russischen Föderation.[2] Darüber hinaus wurden noch weitere Artikel des Strafgesetzbuches verletzt ...

Richter Timur Schidkow interveniert bei den Worten über Putin: „Das Gericht weist Sie darauf hin, dass es sich hier um eine Gerichtsverhandlung im Rahmen der Anklage gegen Sie handelt, und Sie haben das Recht ..."

Ioann Aschtscheulow versucht, den Richter zu unterbrechen, aber dieser fällt ihm erneut ins Wort: „Nochmals, Sie dürfen sich im letzten Wort zu der gegen Sie erhobenen Anklage äußern. Ist Ihnen das klar?"

„Ja. Aber hat der historische Kontext denn keine Bedeutung?"

Richter: „Sie müssen mit mir nicht diskutieren, ich habe Ihnen alles gesagt."

Ioann Aschtscheulow holt Luft und fährt fort:

Ich wiederhole, dass die Konzeption, die hinter meinen Aktionen steht ... In den Aktionen gibt es einen Straftatbestand, aber aufgrund ihres Kontextes handelt es sich bei ihnen um Widerstand gegen ein anderes [staatliches] Verbrechen. Sie gewinnen somit eine diametral entgegengesetzte Bedeutung.

---

2   Artikel 353 stellt die „Planung, Vorbereitung, Entfesselung und das Führen eines Angriffskriegs" unter Strafe.

Am ersten Verhandlungstag habe ich gesagt, dass ich mich für nicht schuldig im Sinne der Anklageartikel halte. Ich halte mich nicht für einen Terroristen, weil in meinen Handlungen nichts war, was unter diese Definition fiele, es gab auch keinen Versuch in dieser Richtung.

Was meinen Versuch betrifft, in die *Legion Freies Russland*[3] einzutreten, die als „terroristische Organisation"* eingestuft wird, so kann ich sagen, dass nicht jede Aufeinanderfolge von Worten einen Text darstellt, wie auch nicht alles die Wahrheit ist, was im Gerichtsurteil steht.

Zu Artikel 275 [Staatsverrat] kann ich sagen, dass man die Interessen Russlands nicht mit den persönlichen Interessen Putins und der gesamten Regierung verwechseln darf. Russland braucht den Krieg gegen die Ukraine nicht, es ist Putin, der ihn braucht. Und die Liebe zu seiner …

Richter Schidkow unterbricht wütend: „Ich unterbreche Sie erneut. Ich mache Sie erneut darauf aufmerksam, dass Sie in Ihrem letzten Wort berechtigt sind, auf die Umstände hinzuweisen, um die es bei der Verhandlung ging, die untersucht wurden und um deren Beweis es geht."

Zum Staatsverrat – hierzu kann ich sagen, dass die Tatsache meiner Geburt mich nicht dazu verpflichtet, in allem die Regierung des Landes zu unterstützen, in dem ich geboren bin. Ich habe keinen Eid geleistet und wurde in keinerlei Staatsgeheimnisse eingeweiht. Deshalb bin ich froh, eine freie

---

3 Die *Legion Freies Russland* entstand im März 2022, nachdem mehr als 100 Soldaten der russischen Streitkräfte zur ukrainischen Armee übergelaufen waren. Neben Überläufern schlossen sich auch Freiwillige der Legion an. Sie ist Teil des internationalen Freiwilligenkorps in den ukrainischen Streitkräften. Im März 2023 verbot das Oberste Gericht der Russischen Föderation die Organisation. Außerdem wurde sie als „terroristisch"* eingestuft.

Persönlichkeit zu sein und meine freie Wahl zu treffen. Ich bin der Auffassung, dass mir Artikel 275 wegen meiner Weltanschauung und meines Standpunkts zur Last gelegt wird. Meine Schuld besteht allein darin, dass ich dem Verbrechen nicht genügend Beachtung geschenkt habe, das die Regierung in meinem Namen begeht.

In der Regel bittet man im letzten Wort darum, kein strenges Urteil zu fällen, man bittet um eine geringe Strafe. Darum werde ich nicht bitten, weil ich meine Position für absolut richtig halte. Ich denke, Sie sind selbst nicht frei, und deshalb können Sie auch mir keine Freiheit gewähren.

Die Gewaltenteilung besteht bei uns nur formal. De facto untersteht die Jurisdiktion der Exekutive. Auf irgendeine objektive Bewertung meiner Taten zu hoffen ist daher ... Ich mache mir da keine Hoffnungen.

Sie können mich zu einer beliebigen Haftstrafe verurteilen – zu zehn oder zu zwanzig Jahren, das macht für mich keinen Unterschied. Natürlich ist es nicht gut, einen wesentlichen Teil seines Lebens in Haft zu verbringen und dort möglicherweise seine Gesundheit oder sogar das Leben zu verlieren.

Aber die Hauptsache ist die Freiheit meiner Person, und die können Sie mir nicht nehmen. Zudem sind in diesem Krieg viele Tausende Menschen ums Leben gekommen, die völlig unschuldig waren. Vor diesem Hintergrund erscheint daher der Verlust eines Teils meines Lebens und möglicherweise meiner Gesundheit als absolut unbedeutend.

Außerdem bin ich in dem Land geboren, das die Verbrechen in der Ukraine begeht, ich bin für die Taten meiner Regierung verantwortlich, und viele ukrainische Zivilisten, die durch russländische Bombardements starben, waren absolut unschuldig.

Der Haftstrafe, zu der Sie mich verurteilen, und den Folgen, die mich erwarten, sehe ich gelassen entgegen. Für mich ist das der Preis dafür, nicht an den Verbrechen der Regierung teilzuhaben und die Freiheit meiner Person zu bewahren.

Zum Schluss kann ich sagen, dass gewöhnlich Kriegsverbrecher ...

Unterbrechung durch den Richter: „Sie verstehen offenbar nicht, was ich Ihnen gesagt habe. Ihr letztes Wort ist keine Performance, keine politische Deklaration. Wir führen ein Strafverfahren gegen Sie. Seien Sie so gut, in Ihrem letzten Wort die Umstände zu behandeln, um die es in dieser Verhandlung ging."

Ich kann sagen, dass ich mich nicht als Verräter Russlands betrachte. Das ist alles.

Alexej Aschtscheulow

Ich kann gleich sagen, dass ich jeglichen Terror, dass ich Terrorismus als solchen in all seinen Erscheinungsformen verurteile und nie zu solchen Akten bereit wäre. Was Verrat betrifft – selbst wenn mein Verhalten juristisch so bewertet wurde, sehe ich das anders. Ich hatte gute Absichten. Die Verletzung der Staatsgrenze ist tatsächlich der einzige Gesetzesverstoß, den ich begangen habe. Das ist alles.

Timofej Aschtscheulow

Ich habe nichts Unmoralisches getan und auch nicht geplant. Alle meine Handlungen, für die ich hier verurteilt werde, ergaben sich daraus, dass ich die Durchführung der „speziellen Militäroperation"* für ein Verbrechen halte. Das ist alles.

Anhang

Glossar

ausländischer Agent – russ. *inostranny agent*; 2012 in das Gesetz über zivilgesellschaftliche Organisationen eingeführt. Die Bezeichnung betrifft Vereinigungen, die politisch tätig sind (was juristisch unbestimmt bleibt) und Geld aus dem Ausland erhalten. Nach etlichen Verschärfungen genügt seit 2022 statt Finanzierung auch eine irgendwie geartete „Beeinflussung" aus dem Ausland. Das Justizministerium führt eine Liste, in die es Organisationen einträgt. Diese müssen dann erhöhte Auflagen erfüllen. Dazu gehört nicht nur überbordende Bürokratie, sondern auch die Selbstbezeichnung als „ausländischer Agent" auf allen Veröffentlichungen, Veranstaltungen, Büchern, Internetseiten, Briefen etc.

extremistische Organisation – offiziell in die *Rosfinmonitoring**-Liste von terroristischen und extremistischen Organisationen und Personen aufgenommene Vereinigung.

FSB – *Federalnaja Sluschba Besopasnosti*, dt. Föderaler Sicherheitsdienst, ist der Inlandsgeheimdienst der Russischen Föderation und Nachfolgeorganisation des KGB*.

KGB – *Komitet Gosudarstvennoj Besopasnosti*, dt. Komitee für Staatssicherheit

MGU – *Moskowskij Gosudarstwennyj Universitet*, dt. Moskauer Staatliche Universität

militärische Spezialoperation – in Russland offiziell vorgeschriebene, verharmlosende Bezeichnung für den Angriffskrieg gegen die Ukraine, der nicht Krieg genannt werden darf.

NKWD – *Narodny Kommissariat Wnutrennych Del*, dt. Volkskommissariat für innere Angelegenheiten, bestand 1934-46. Die Geheimpolizei war ihr wesentlicher Bestandteil und steht für die Schrecken stalinistischer Repressionen.

Rosfinmonitoring – Föderaler Dienst zur Finanzkontrolle. Er führt ein Register von Personen und Organisationen, die als terroristisch oder extremistisch erklärt wurden.

Roskomnadzor – Föderaler Dienst für die Aufsicht im Bereich der Informationstechnologie und Massenkommunikation. Gegründet 2008, wird er u.a. als Zensurbehörde gegen Massenmedien, aber auch bei Kommunikation im Internet und in sozialen Netzwerken tätig.

Rosstat – Föderaler Dienst für staatliche Statistik

SOBR – Schnelle Spezialeingreiftruppe, die zur russländischen Nationalgarde gehört. Die Nationalgarde wurde 2016 neu aufgestellt und umfasst auch die Sondereinheiten der russländischen Miliz OMON.

terroristische Organisation – offiziell in die *Rosfinmonitoring*-*Liste terroristischer und extremistischer Organisationen und Personen aufgenommene Vereinigung.

Tschekisten – abgeleitet von *Tsche*Ka *(Wserossijskaja Tschreswytschainaja Komissija po borbe s kontrrewoljuziej, spekuljaziej i sabotaschem)*, dem Akronym für die (Gesamtrussische) Außerordentliche Kommission (zum Kampf gegen Konterrevolution, Spekulation und Sabotage), die am 20. Dezember 1917 gegründete Geheimpolizei der Bolschewiki. Bezeichnung für Geheimdienstmitarbeiter in der Sowjetunion, aber auch im heutigen Russland.

unerwünschte Organisation – 2015 verabschiedete die Staatsduma ein Gesetz, das als unerwünscht erklärten Organisationen verbietet, in Russland politisch tätig zu sein. Organisationen und natürliche Personen, die mit ihnen auch nur in Kontakt treten, können strafrechtlich belangt werden. Zunächst betraf das Gesetz ausländische und internationale Organisationen, inzwischen auch zunehmend ins Exil abgewanderte, ursprünglich russische Organisationen. Das entsprechende Register wird vom Justizministerium geführt.

Zentrum für Extremismusbekämpfung – politische Polizei des Innenministeriums mit Zentren in ganz Russland. Geschaffen für den Kampf gegen nationalistische und islamistische Terroristen, verfolgt es inzwischen auch friedliche zivilgesellschaftliche Akteure.

Quellenverzeichnis

Maxim Smyschljajew

https://vk.com/freemaksim?w=wall-126259496_73&ysclid=l6mcbnv3ng815468127

Jegor Schukow

https://novayagazeta.ru/articles/2019/12/04/157423-figurant-moskovskogo-dela-egor-zhukov-vystupil-s-poslednim-slovom

Ilja Schakurski

https://www.bbc.com/russian/news-51153062

Swetlana Prokopjewa

https://novayagazeta.ru/articles/2020/07/03/86129-gosudarstvennaya-vlast-v-rukah-zhestokih-lyudey-stanovitsya-glavnoy-ugrozoy-bezopasnosti

Jurij Dmitrijew

https://meduza.io/feature/2020/07/20/sila-gosudarstva-ne-v-tankah-i-vozmozhnosti-poslat-vseh-k-takoy-to-materi

deutsch (gekürzt) https://www.dekoder.org/de/article/dmitrijew-urteil-schlusswort-gerichtsverfahren

Julia Galjamina

https://zona.media/article/2020/12/18/galyamina-polsednee-slovo

https://memohrc.org/ru/monitorings/normalnaya-rossiya-budushchego-poslednee-slovo-yulii-galyaminoy

Maria Aljochina

https://meduza.io/feature/2021/09/10/ostatsya-v-lagere-ili-vyyti-iz-nego-reshaet-kazhdyy-sam-ya-svoy-vybor-sdelala-teper-vasha-ochered

Wjatscheslaw Jegorow

https://www.trv-science.ru/2021/10/egorov-last-word/

Sarifa Sautijewa

https://www.youtube.com/watch?v=6cZFCsql6LM

Nikita Uwarow

https://novayagazeta.ru/articles/2022/02/07/liudei-presleduiut-za-vzgliady-v-svobodnoi-strane

Ismail Isajew und Salech Magamadow

https://tvrain.tv/teleshow/notes/v_chechne_mozhno_posadit_ljubogo_vyvezennye_v_respubliku_moderatory_oppozitsionnogo_chata_vystupili_s_poslednim_slovom-547670/

Alexej Nawalny

https://novayagazeta.ru/articles/2022/03/15/my-razoblachim-eshche-bolshe-liudei-kotorye-meshaiut-zhit-nashei-strane

Wladimir Metjolkin

https://www.youtube.com/watch?v=LeJ7N1hvkzo

Andrej Piwowarow

https://zona.media/article/2022/07/15/pivovarov

Ilja Jaschin

https://meduza.io/feature/2022/12/05/vy-vedete-voynu-ne-tolko-s-ukraintsami-no-i-so-svoimi-sootechestvennikami

deutsch https://laender-analysen.de/russland-analysen/450/politische-gefangene-schlussworte-gericht-russland/

Andrej Birjukow

https://www.youtube.com/watch?v=AyEVCCF2Jjs

Wladimir Kara-Mursa

https://novayagazeta.eu/articles/2023/04/10/ia-ne-tolko-ne-raskaivaius-ia-gorzhus

deutsch https://zeitschrift-osteuropa.de/blog/vladimir-kara-murza-zu-25-jahren-lagerhaft-verurteilt/

Lilia Tschanyschewa

https://zona.media/article/2023/05/29/chanysheva

deutsch https://zeitschrift-osteuropa.de/blog/politikerin-ist-ein-beruf/

Daniel Cholodny

https://mi3ch.livejournal.com/5728186.html

Alexandra Skotschilenko

https://zona.media/article/2023/11/16/o-da-zhizn

Viktoria Petrowa

https://www.severreal.org/a/poslednee-slovo-viktorii-petrovoy-voyna-eto-prestuplenie-protiv-chelovechestva-/32741806.html

Artjom Kamardin

https://zona.media/article/2023/12/27/mayak

Oleg Orlow

https://memorialcenter.org/news/poslednee-slovo-orlova

deutsch https://zeitschrift-osteuropa.de/blog/ich-bedaure-und-bereue-nichts/

Roman Iwanow

https://memopzk.org/news/strana-nasha-prevratilas-v-lavinu-gorya-poslednee-slovo-zhurnalista-romana-ivanova-kotoromu-zaprosili-8-let-kolonii-za-posty-o-buche/

deutsch https://zeitschrift-osteuropa.de/blog/ich-bitte-alle-buerger-der-ukraine-um-verzeihung/

Asat Miftachow
https://memopzk.org/news/poslednee-slovo-azata-miftahova-v-sude-po-delu-ob-opravdanii-terrorizma/

Ioann, Alexej und Timofej Aschtscheulow
https://zona.media/article/2024/07/03/three-brothers

Alle Links wurden zuletzt am 17. Juli 2024 aufgerufen.

Herausgeber

Memorial Deutschland e.V. wurde 1993 als Förderverein für Memorial Sankt Petersburg gegründet und benannte sich später um, weil sich die Tätigkeit bald auf eine Zusammenarbeit auch mit anderen regionalen Memorial-Organisationen in Russland ausweitete. Memorial Deutschland war Mitglied im inzwischen verbotenen Memorial International und hat 2023 – gemeinsam mit anderen internationalen Memorial-Gruppen und ins Exil geflohenen russischen Memorial-Aktivisten – die neue Internationale Vereinigung Memorial mit Sitz in Genf mitgegründet.

Die Arbeit von Memorial Deutschland e.V. ist der Aufarbeitung der sowjetischen Repressionsgeschichte gewidmet, wobei auch die nationalsozialistischen Verbrechen thematisiert werden. Den zweiten Arbeitsschwerpunkt bildet die Verteidigung der Menschenrechte aktuell. Dazu gehört auch die Dokumentation von Menschenrechtsverletzungen und das Hörbarmachen der Stimmen Betroffener in deutscher Sprache.

Memorial erhielt 2022 zusammen mit dem ukrainischen Zentrum für bürgerliche Freiheiten und dem belarusischen Menschenrechtler Ales Bjaljazki den Friedensnobelpreis.

Mitwirkende

Textauswahl

Christina Riek, Vera Ammer, Uta Gerlant

Redaktion, Lektorat und Texte (Biografien, Fußnoten, Glossar)

Uta Gerlant

Übersetzungen

Die Angst besiegen. Vorwort von Mariia Vasilevskaia – Vera Ammer
Maxim Smyschljajew – Irina Bondas
Jegor Schukow – Sophie Karimi
Ilja Schakurski – Sabine Erdmann-Kutnevic
Swetlana Prokopjewa – Martin Malek, Anna Schor-Tschudnowskaja
Jurij Dmitrijew – Luba Gurova, Dekoder
Julia Galjamina – Brunhild Hilf
Maria Aljochina – Inna Klause
Wjatscheslaw Jegorow – Wolfram von Scheliha
Sarifa Sautijewa – Inna Klause
Nikita Uwarow – Inna Klause
Ismail Isajew, Salech Magamadow – Marlen Wahren
Alexej Nawalny – Käthe Blum
Wladimir Metjolkin – Simon Krause
Andrej Piwowarow – Birgit Veit, Uta Gerlant
Ilja Jaschin – Redaktion der Russland-Analysen
Andrej Birjukow – OVD-Info
Wladimir Kara-Mursa – Volker Weichsel
Lilia Tschanyschewa – Volker Weichsel
Daniel Cholodny – Uta Gerlant
Alexandra Skotschilenko – Andreas Decker
Viktoria Petrowa – Mirko Kruppa
Artjom Kamardin – Daria Gomelskaia
Oleg Orlow – Volker Weichsel
Roman Iwanow – Volker Weichsel
Asat Miftachow – Simon Krause
Ioann Aschtscheulow, Alexej Aschtscheulow, Timofej Aschtscheulow – Vera Ammer

Endlektorat

Vera Ammer

Sabine Erdmann-Kutnevic

Covergestaltung

Luca-Yannik Gierth

Layout

Jana Dävers

Denise Kirstein

SOVIET AND POST-SOVIET POLITICS AND SOCIETY
Edited by Dr. Andreas Umland | ISSN 1614-3515

1   Андреас Умланд (ред.) | Воплощение Европейской конвенции по правам человека в России. Философские, юридические и эмпирические исследования | ISBN 3-89821-387-0

2   Christian Wipperfürth | Russland – ein vertrauenswürdiger Partner? Grundlagen, Hintergründe und Praxis gegenwärtiger russischer Außenpolitik | Mit einem Vorwort von Heinz Timmermann | ISBN 3-89821-401-X

3   Manja Hussner | Die Übernahme internationalen Rechts in die russische und deutsche Rechtsordnung. Eine vergleichende Analyse zur Völkerrechtsfreundlichkeit der Verfassungen der Russländischen Föderation und der Bundesrepublik Deutschland | Mit einem Vorwort von Rainer Arnold | ISBN 3-89821-438-9

4   Matthew Tejada | Bulgaria's Democratic Consolidation and the Kozloduy Nuclear Power Plant (KNPP). The Unattainability of Closure | With a foreword by Richard J. Crampton | ISBN 3-89821-439-7

5   Марк Григорьевич Меерович | Квадратные метры, определяющие сознание. Государственная жилищная политика в СССР. 1921 – 1941 гг | ISBN 3-89821-474-5

6   Andrei P. Tsygankov, Pavel A.Tsygankov (Eds.) | New Directions in Russian International Studies | ISBN 3-89821-422-2

7   Марк Григорьевич Меерович | Как власть народ к труду приучала. Жилище в СССР – средство управления людьми. 1917 – 1941 гг. | С предисловием Елены Осокиной | ISBN 3-89821-495-8

8   David J. Galbreath | Nation-Building and Minority Politics in Post-Socialist States. Interests, Influence and Identities in Estonia and Latvia | With a foreword by David J. Smith | ISBN 3-89821-467-2

9   Алексей Юрьевич Безугольный | Народы Кавказа в Вооруженных силах СССР в годы Великой Отечественной войны 1941-1945 гг. | С предисловием Николая Бугая | ISBN 3-89821-475-3

10 Вячеслав Лихачев и Владимир Прибыловский (ред.) | Русское Национальное Единство, 1990-2000. В 2-х томах | ISBN 3-89821-523-7

11 Николай Бугай (ред.) | Народы стран Балтии в условиях сталинизма (1940-е – 1950-е годы). Документированная история | ISBN 3-89821-525-3

12 Ingmar Bredies (Hrsg.) | Zur Anatomie der Orange Revolution in der Ukraine. Wechsel des Elitenregimes oder Triumph des Parlamentarismus? | ISBN 3-89821-524-5

13 Anastasia V. Mitrofanova | The Politicization of Russian Orthodoxy. Actors and Ideas | With a foreword by William C. Gay | ISBN 3-89821-481-8

14 Nathan D. Larson | Alexander Solzhenitsyn and the Russo-Jewish Question | ISBN 3-89821-483-4

15 Guido Houben | Kulturpolitik und Ethnizität. Staatliche Kunstförderung im Russland der neunziger Jahre | Mit einem Vorwort von Gert Weisskirchen | ISBN 3-89821-542-3

16 Leonid Luks | Der russische „Sonderweg"? Aufsätze zur neuesten Geschichte Russlands im europäischen Kontext | ISBN 3-89821-496-6

17 Евгений Мороз | История «Мёртвой воды» – от страшной сказки к большой политике. Политическое неоязычество в постсоветской России | ISBN 3-89821-551-2

18 Александр Верховский и Галина Кожевникова (ред.) | Этническая и религиозная интолерантность в российских СМИ. Результаты мониторинга 2001-2004 гг. | ISBN 3-89821-569-5

19 Christian Ganzer | Sowjetisches Erbe und ukrainische Nation. Das Museum der Geschichte des Zaporoger Kosakentums auf der Insel Chortycja | Mit einem Vorwort von Frank Golczewski | ISBN 3-89821-504-0

20 Эльза-Баир Гучинова | Помнить нельзя забыть. Антропология депортационной травмы калмыков | С предисловием Кэролайн Хамфри | ISBN 3-89821-506-7

21 Юлия Лидерман | Мотивы «проверки» и «испытания» в постсоветской культуре. Советское прошлое в российском кинематографе 1990-х годов | С предисловием Евгения Марголита | ISBN 3-89821-511-3

22 Tanya Lokshina, Ray Thomas, Mary Mayer (Eds.) | The Imposition of a Fake Political Settlement in the Northern Caucasus. The 2003 Chechen Presidential Election | ISBN 3-89821-436-2

23 Timothy McCajor Hall, Rosie Read (Eds.) | Changes in the Heart of Europe. Recent Ethnographies of Czechs, Slovaks, Roma, and Sorbs | With an afterword by Zdeněk Salzmann | ISBN 3-89821-606-3

24 *Christian Autengruber* | Die politischen Parteien in Bulgarien und Rumänien. Eine vergleichende Analyse seit Beginn der 90er Jahre | Mit einem Vorwort von Dorothée de Nève | ISBN 3-89821-476-1

25 *Annette Freyberg-Inan with Radu Cristescu* | The Ghosts in Our Classrooms, or: John Dewey Meets Ceauşescu. The Promise and the Failures of Civic Education in Romania | ISBN 3-89821-416-8

26 *John B. Dunlop* | The 2002 Dubrovka and 2004 Beslan Hostage Crises. A Critique of Russian Counter-Terrorism | With a foreword by Donald N. Jensen | ISBN 3-89821-608-X

27 *Peter Koller* | Das touristische Potenzial von Kam''janec'–Podil's'kyj. Eine fremdenverkehrsgeographische Untersuchung der Zukunftsperspektiven und Maßnahmenplanung zur Destinationsentwicklung des „ukrainischen Rothenburg" | Mit einem Vorwort von Kristiane Klemm | ISBN 3-89821-640-3

28 *Françoise Daucé, Elisabeth Sieca-Kozlowski (Eds.)* | Dedovshchina in the Post-Soviet Military. Hazing of Russian Army Conscripts in a Comparative Perspective | With a foreword by Dale Herspring | ISBN 3-89821-616-0

29 *Florian Strasser* | Zivilgesellschaftliche Einflüsse auf die Orange Revolution. Die gewaltlose Massenbewegung und die ukrainische Wahlkrise 2004 | Mit einem Vorwort von Egbert Jahn | ISBN 3-89821-648-9

30 *Rebecca S. Katz* | The Georgian Regime Crisis of 2003-2004. A Case Study in Post-Soviet Media Representation of Politics, Crime and Corruption | ISBN 3-89821-413-3

31 *Vladimir Kantor* | Willkür oder Freiheit. Beiträge zur russischen Geschichtsphilosophie | Ediert von Dagmar Herrmann sowie mit einem Vorwort versehen von Leonid Luks | ISBN 3-89821-589-X

32 *Laura A. Victoir* | The Russian Land Estate Today. A Case Study of Cultural Politics in Post-Soviet Russia | With a foreword by Priscilla Roosevelt | ISBN 3-89821-426-5

33 *Ivan Katchanovski* | Cleft Countries. Regional Political Divisions and Cultures in Post-Soviet Ukraine and Moldova | With a foreword by Francis Fukuyama | ISBN 3-89821-558-X

34 *Florian Mühlfried* | Postsowjetische Feiern. Das Georgische Bankett im Wandel | Mit einem Vorwort von Kevin Tuite | ISBN 3-89821-601-2

35 *Roger Griffin, Werner Loh, Andreas Umland (Eds.)* | Fascism Past and Present, West and East. An International Debate on Concepts and Cases in the Comparative Study of the Extreme Right | With an afterword by Walter Laqueur | ISBN 3-89821-674-8

36 *Sebastian Schlegel* | Der „Weiße Archipel". Sowjetische Atomstädte 1945-1991 | Mit einem Geleitwort von Thomas Bohn | ISBN 3-89821-679-9

37 *Vyacheslav Likhachev* | Political Anti-Semitism in Post-Soviet Russia. Actors and Ideas in 1991-2003 | Edited and translated from Russian by Eugene Veklerov | ISBN 3-89821-529-6

38 *Josette Baer (Ed.)* | Preparing Liberty in Central Europe. Political Texts from the Spring of Nations 1848 to the Spring of Prague 1968 | With a foreword by Zdeněk V. David | ISBN 3-89821-546-6

39 *Михаил Лукьянов* | Российский консерватизм и реформа, 1907-1914 | С предисловием Марка Д. Стейнберга | ISBN 3-89821-503-2

40 *Nicola Melloni* | Market Without Economy. The 1998 Russian Financial Crisis | With a foreword by Eiji Furukawa | ISBN 3-89821-407-9

41 *Dmitrij Chmelnizki* | Die Architektur Stalins | Bd. 1: Studien zu Ideologie und Stil | Bd. 2: Bilddokumentation | Mit einem Vorwort von Bruno Flierl | ISBN 3-89821-515-6

42 *Katja Yafimava* | Post-Soviet Russian-Belarussian Relationships. The Role of Gas Transit Pipelines | With a foreword by Jonathan P. Stern | ISBN 3-89821-655-1

43 *Boris Chavkin* | Verflechtungen der deutschen und russischen Zeitgeschichte. Aufsätze und Archivfunde zu den Beziehungen Deutschlands und der Sowjetunion von 1917 bis 1991 | Ediert von Markus Edlinger sowie mit einem Vorwort versehen von Leonid Luks | ISBN 3-89821-756-0

44 *Anastasija Grynenko in Zusammenarbeit mit Claudia Dathe* | Die Terminologie des Gerichtswesens der Ukraine und Deutschlands im Vergleich. Eine übersetzungswissenschaftliche Analyse juristischer Fachbegriffe im Deutschen, Ukrainischen und Russischen | Mit einem Vorwort von Ulrich Hartmann | ISBN 3-89821-691-8

45 *Anton Burkov* | The Impact of the European Convention on Human Rights on Russian Law. Legislation and Application in 1996-2006 | With a foreword by Françoise Hampson | ISBN 978-3-89821-639-5

46 *Stina Torjesen, Indra Overland (Eds.)* | International Election Observers in Post-Soviet Azerbaijan. Geopolitical Pawns or Agents of Change? | ISBN 978-3-89821-743-9

47 *Taras Kuzio* | Ukraine – Crimea – Russia. Triangle of Conflict | ISBN 978-3-89821-761-3

48 *Claudia Šabić* | „Ich erinnere mich nicht, aber L'viv!" Zur Funktion kultureller Faktoren für die Institutionalisierung und Entwicklung einer ukrainischen Region | Mit einem Vorwort von Melanie Tatur | ISBN 978-3-89821-752-1

49 *Marlies Bilz* | Tatarstan in der Transformation. Nationaler Diskurs und Politische Praxis 1988-1994 | Mit einem Vorwort von Frank Golczewski | ISBN 978-3-89821-722-4

50 *Марлен Ларюэль (ред.)* | Современные интерпретации русского национализма | ISBN 978-3-89821-795-8

51 *Sonja Schüler* | Die ethnische Dimension der Armut. Roma im postsozialistischen Rumänien | Mit einem Vorwort von Anton Sterbling | ISBN 978-3-89821-776-7

52 *Галина Кожевникова* | Радикальный национализм в России и противодействие ему. Сборник докладов Центра «Сова» за 2004-2007 гг. | С предисловием Александра Верховского | ISBN 978-3-89821-721-7

53 *Галина Кожевникова и Владимир Прибыловский* | Российская власть в биографиях I. Высшие должностные лица РФ в 2004 г. | ISBN 978-3-89821-796-5

54 *Галина Кожевникова и Владимир Прибыловский* | Российская власть в биографиях II. Члены Правительства РФ в 2004 г. | ISBN 978-3-89821-797-2

55 *Галина Кожевникова и Владимир Прибыловский* | Российская власть в биографиях III. Руководители федеральных служб и агентств РФ в 2004 г.| ISBN 978-3-89821-798-9

56 *Ileana Petroniu* | Privatisierung in Transformationsökonomien. Determinanten der Restrukturierungs-Bereitschaft am Beispiel Polens, Rumäniens und der Ukraine | Mit einem Vorwort von Rainer W. Schäfer | ISBN 978-3-89821-790-3

57 *Christian Wipperfürth* | Russland und seine GUS-Nachbarn. Hintergründe, aktuelle Entwicklungen und Konflikte in einer ressourcenreichen Region| ISBN 978-3-89821-801-6

58 *Togzhan Kassenova* | From Antagonism to Partnership. The Uneasy Path of the U.S.-Russian Cooperative Threat Reduction | With a foreword by Christoph Bluth | ISBN 978-3-89821-707-1

59 *Alexander Höllwerth* | Das sakrale eurasische Imperium des Aleksandr Dugin. Eine Diskursanalyse zum postsowjetischen russischen Rechtsextremismus | Mit einem Vorwort von Dirk Uffelmann | ISBN 978-3-89821-813-9

60 *Олег Рябов* | «Россия-Матушка». Национализм, гендер и война в России XX века | С предисловием Елены Гощило | ISBN 978-3-89821-487-2

61 *Ivan Maistrenko* | Borot'bism. A Chapter in the History of the Ukrainian Revolution | With a new Introduction by Chris Ford | Translated by George S. N. Luckyj with the assistance of Ivan L. Rudnytsky | Second, Revised and Expanded Edition ISBN 978-3-8382-1107-7

62 *Maryna Romanets* | Anamorphosic Texts and Reconfigured Visions. Improvised Traditions in Contemporary Ukrainian and Irish Literature | ISBN 978-3-89821-576-3

63 *Paul D'Anieri and Taras Kuzio (Eds.)* | Aspects of the Orange Revolution I. Democratization and Elections in Post-Communist Ukraine | ISBN 978-3-89821-698-2

64 *Bohdan Harasymiw in collaboration with Oleh S. Ilnytzkyj (Eds.)* | Aspects of the Orange Revolution II. Information and Manipulation Strategies in the 2004 Ukrainian Presidential Elections | ISBN 978-3-89821-699-9

65 *Ingmar Bredies, Andreas Umland and Valentin Yakushik (Eds.)* | Aspects of the Orange Revolution III. The Context and Dynamics of the 2004 Ukrainian Presidential Elections | ISBN 978-3-89821-803-0

66 *Ingmar Bredies, Andreas Umland and Valentin Yakushik (Eds.)* | Aspects of the Orange Revolution IV. Foreign Assistance and Civic Action in the 2004 Ukrainian Presidential Elections | ISBN 978-3-89821-808-5

67 *Ingmar Bredies, Andreas Umland and Valentin Yakushik (Eds.)* | Aspects of the Orange Revolution V. Institutional Observation Reports on the 2004 Ukrainian Presidential Elections | ISBN 978-3-89821-809-2

68 *Taras Kuzio (Ed.)* | Aspects of the Orange Revolution VI. Post-Communist Democratic Revolutions in Comparative Perspective | ISBN 978-3-89821-820-7

69 *Tim Bohse* | Autoritarismus statt Selbstverwaltung. Die Transformation der kommunalen Politik in der Stadt Kaliningrad 1990-2005 | Mit einem Geleitwort von Stefan Troebst | ISBN 978-3-89821-782-8

70 *David Rupp* | Die Rußländische Föderation und die russischsprachige Minderheit in Lettland. Eine Fallstudie zur Anwaltspolitik Moskaus gegenüber den russophonen Minderheiten im „Nahen Ausland" von 1991 bis 2002 | Mit einem Vorwort von Helmut Wagner | ISBN 978-3-89821-778-1

71 *Taras Kuzio* | Theoretical and Comparative Perspectives on Nationalism. New Directions in Cross-Cultural and Post-Communist Studies | With a foreword by Paul Robert Magocsi | ISBN 978-3-89821-815-3

72 *Christine Teichmann* | Die Hochschultransformation im heutigen Osteuropa. Kontinuität und Wandel bei der Entwicklung des postkommunistischen Universitätswesens | Mit einem Vorwort von Oskar Anweiler | ISBN 978-3-89821-842-9

73 Julia Kusznir | Der politische Einfluss von Wirtschaftseliten in russischen Regionen. Eine Analyse am Beispiel der Erdöl- und Erdgasindustrie, 1992-2005 | Mit einem Vorwort von Wolfgang Eichwede | ISBN 978-3-89821-821-4

74 Alena Vysotskaya | Russland, Belarus und die EU-Osterweiterung. Zur Minderheitenfrage und zum Problem der Freizügigkeit des Personenverkehrs | Mit einem Vorwort von Katlijn Malfliet | ISBN 978-3-89821-822-1

75 Heiko Pleines (Hrsg.) | Corporate Governance in post-sozialistischen Volkswirtschaften | ISBN 978-3-89821-766-8

76 Stefan Ihrig | Wer sind die Moldawier? Rumänismus versus Moldowanismus in Historiographie und Schulbüchern der Republik Moldova, 1991-2006 | Mit einem Vorwort von Holm Sundhaussen | ISBN 978-3-89821-466-7

77 Galina Kozhevnikova in collaboration with Alexander Verkhovsky and Eugene Veklerov | Ultra-Nationalism and Hate Crimes in Contemporary Russia. The 2004-2006 Annual Reports of Moscow's SOVA Center | With a foreword by Stephen D. Shenfield | ISBN 978-3-89821-868-9

78 Florian Küchler | The Role of the European Union in Moldova's Transnistria Conflict | With a foreword by Christopher Hill | ISBN 978-3-89821-850-4

79 Bernd Rechel | The Long Way Back to Europe. Minority Protection in Bulgaria | With a foreword by Richard Crampton | ISBN 978-3-89821-863-4

80 Peter W. Rodgers | Nation, Region and History in Post-Communist Transitions. Identity Politics in Ukraine, 1991-2006 | With a foreword by Vera Tolz | ISBN 978-3-89821-903-7

81 Stephanie Solywoda | The Life and Work of Semen L. Frank. A Study of Russian Religious Philosophy | With a foreword by Philip Walters | ISBN 978-3-89821-457-5

82 Vera Sokolova | Cultural Politics of Ethnicity. Discourses on Roma in Communist Czechoslovakia | ISBN 978-3-89821-864-1

83 Natalya Shevchik Ketenci | Kazakhstani Enterprises in Transition. The Role of Historical Regional Development in Kazakhstan's Post-Soviet Economic Transformation | ISBN 978-3-89821-831-3

84 Martin Malek, Anna Schor-Tschudnowskaja (Hgg.) | Europa im Tschetschenienkrieg. Zwischen politischer Ohnmacht und Gleichgültigkeit | Mit einem Vorwort von Lipchan Basajewa | ISBN 978-3-89821-676-0

85 Stefan Meister | Das postsowjetische Universitätswesen zwischen nationalem und internationalem Wandel. Die Entwicklung der regionalen Hochschule in Russland als Gradmesser der Systemtransformation | Mit einem Vorwort von Joan DeBardeleben | ISBN 978-3-89821-891-7

86 Konstantin Sheiko in collaboration with Stephen Brown | Nationalist Imaginings of the Russian Past. Anatolii Fomenko and the Rise of Alternative History in Post-Communist Russia | With a foreword by Donald Ostrowski | ISBN 978-3-89821-915-0

87 Sabine Jenni | Wie stark ist das „Einige Russland"? Zur Parteibindung der Eliten und zum Wahlerfolg der Machtpartei im Dezember 2007 | Mit einem Vorwort von Klaus Armingeon | ISBN 978-3-89821-961-7

88 Thomas Borén | Meeting-Places of Transformation. Urban Identity, Spatial Representations and Local Politics in Post-Soviet St Petersburg | ISBN 978-3-89821-739-2

89 Aygul Ashirova | Stalinismus und Stalin-Kult in Zentralasien. Turkmenistan 1924-1953 | Mit einem Vorwort von Leonid Luks | ISBN 978-3-89821-987-7

90 Leonid Luks | Freiheit oder imperiale Größe? Essays zu einem russischen Dilemma | ISBN 978-3-8382-0011-8

91 Christopher Gilley | The 'Change of Signposts' in the Ukrainian Emigration. A Contribution to the History of Sovietophilism in the 1920s | With a foreword by Frank Golczewski | ISBN 978-3-89821-965-5

92 Philipp Casula, Jeronim Perovic (Eds.) | Identities and Politics During the Putin Presidency. The Discursive Foundations of Russia's Stability | With a foreword by Heiko Haumann | ISBN 978-3-8382-0015-6

93 Marcel Viëtor | Europa und die Frage nach seinen Grenzen im Osten. Zur Konstruktion ‚europäischer Identität' in Geschichte und Gegenwart | Mit einem Vorwort von Albrecht Lehmann | ISBN 978-3-8382-0045-3

94 Ben Hellman, Andrei Rogachevskii | Filming the Unfilmable. Casper Wrede's 'One Day in the Life of Ivan Denisovich' | Second, Revised and Expanded Edition | ISBN 978-3-8382-0044-6

95 Eva Fuchslocher | Vaterland, Sprache, Glaube. Orthodoxie und Nationenbildung am Beispiel Georgiens | Mit einem Vorwort von Christina von Braun | ISBN 978-3-89821-884-9

96 Vladimir Kantor | Das Westlertum und der Weg Russlands. Zur Entwicklung der russischen Literatur und Philosophie | Ediert von Dagmar Herrmann | Mit einem Beitrag von Nikolaus Lobkowicz | ISBN 978-3-8382-0102-3

97 Kamran Musayev | Die postsowjetische Transformation im Baltikum und Südkaukasus. Eine vergleichende Untersuchung der politischen Entwicklung Lettlands und Aserbaidschans 1985-2009 | Mit einem Vorwort von Leonid Luks | Ediert von Sandro Henschel | ISBN 978-3-8382-0103-0

98 *Tatiana Zhurzhenko* | Borderlands into Bordered Lands. Geopolitics of Identity in Post-Soviet Ukraine | With a foreword by Dieter Segert | ISBN 978-3-8382-0042-2

99 *Кирилл Галушко, Лидия Смола (ред.)* | Пределы падения – варианты украинского будущего. Аналитико-прогностические исследования | ISBN 978-3-8382-0148-1

100 *Michael Minkenberg (Ed.)* | Historical Legacies and the Radical Right in Post-Cold War Central and Eastern Europe | With an afterword by Sabrina P. Ramet | ISBN 978-3-8382-0124-5

101 *David-Emil Wickström* | Rocking St. Petersburg. Transcultural Flows and Identity Politics in the St. Petersburg Popular Music Scene | With a foreword by Yngvar B. Steinholt | Second, Revised and Expanded Edition | ISBN 978-3-8382-0100-9

102 *Eva Zabka* | Eine neue „Zeit der Wirren"? Der spät- und postsowjetische Systemwandel 1985-2000 im Spiegel russischer gesellschaftspolitischer Diskurse | Mit einem Vorwort von Margareta Mommsen | ISBN 978-3-8382-0161-0

103 *Ulrike Ziemer* | Ethnic Belonging, Gender and Cultural Practices. Youth Identitites in Contemporary Russia | With a foreword by Anoop Nayak | ISBN 978-3-8382-0152-8

104 *Ksenia Chepikova* | ‚Einiges Russland' - eine zweite KPdSU? Aspekte der Identitätskonstruktion einer postsowjetischen „Partei der Macht" | Mit einem Vorwort von Torsten Oppelland | ISBN 978-3-8382-0311-9

105 *Леонид Люкс* | Западничество или евразийство? Демократия или идеократия? Сборник статей об исторических дилеммах России | С предисловием Владимира Кантора | ISBN 978-3-8382-0211-2

106 *Anna Dost* | Das russische Verfassungsrecht auf dem Weg zum Föderalismus und zurück. Zum Konflikt von Rechtsnormen und -wirklichkeit in der Russländischen Föderation von 1991 bis 2009 | Mit einem Vorwort von Alexander Blankenagel | ISBN 978-3-8382-0292-1

107 *Philipp Herzog* | Sozialistische Völkerfreundschaft, nationaler Widerstand oder harmloser Zeitvertreib? Zur politischen Funktion der Volkskunst im sowjetischen Estland | Mit einem Vorwort von Andreas Kappeler | ISBN 978-3-8382-0216-7

108 *Marlène Laruelle (Ed.)* | Russian Nationalism, Foreign Policy, and Identity Debates in Putin's Russia. New Ideological Patterns after the Orange Revolution | ISBN 978-3-8382-0325-6

109 *Michail Logvinov* | Russlands Kampf gegen den internationalen Terrorismus. Eine kritische Bestandsaufnahme des Bekämpfungsansatzes | Mit einem Geleitwort von Hans-Henning Schröder und einem Vorwort von Eckhard Jesse | ISBN 978-3-8382-0329-4

110 *John B. Dunlop* | The Moscow Bombings of September 1999. Examinations of Russian Terrorist Attacks at the Onset of Vladimir Putin's Rule | Second, Revised and Expanded Edition | ISBN 978-3-8382-0388-1

111 *Андрей А. Ковалёв* | Свидетельство из-за кулис российской политики I. Можно ли делать добро из зла? (Воспоминания и размышления о последних советских и первых послесоветских годах) | With a foreword by Peter Reddaway | ISBN 978-3-8382-0302-7

112 *Андрей А. Ковалёв* | Свидетельство из-за кулис российской политики II. Угроза для себя и окружающих (Наблюдения и предостережения относительно происходящего после 2000 г.) | ISBN 978-3-8382-0303-4

113 *Bernd Kappenberg* | Zeichen setzen für Europa. Der Gebrauch europäischer lateinischer Sonderzeichen in der deutschen Öffentlichkeit | Mit einem Vorwort von Peter Schlobinski | ISBN 978-3-89821-749-1

114 *Ivo Mijnssen* | The Quest for an Ideal Youth in Putin's Russia I. Back to Our Future! History, Modernity, and Patriotism according to Nashi, 2005-2013 | With a foreword by Jeronim Perović | Second, Revised and Expanded Edition | ISBN 978-3-8382-0368-3

115 *Jussi Lassila* | The Quest for an Ideal Youth in Putin's Russia II. The Search for Distinctive Conformism in the Political Communication of Nashi, 2005-2009 | With a foreword by Kirill Postoutenko | Second, Revised and Expanded Edition | ISBN 978-3-8382-0415-4

116 *Valerio Trabandt* | Neue Nachbarn, gute Nachbarschaft? Die EU als internationaler Akteur am Beispiel ihrer Demokratieförderung in Belarus und der Ukraine 2004-2009 | Mit einem Vorwort von Jutta Joachim | ISBN 978-3-8382-0437-6

117 *Fabian Pfeiffer* | Estlands Außen- und Sicherheitspolitik I. Der estnische Atlantizismus nach der wiedererlangten Unabhängigkeit 1991-2004 | Mit einem Vorwort von Helmut Hubel | ISBN 978-3-8382-0127-6

118 *Jana Podßuweit* | Estlands Außen- und Sicherheitspolitik II. Handlungsoptionen eines Kleinstaates im Rahmen seiner EU-Mitgliedschaft (2004-2008) | Mit einem Vorwort von Helmut Hubel | ISBN 978-3-8382-0440-6

119 *Karin Pointner* | Estlands Außen- und Sicherheitspolitik III. Eine gedächtnispolitische Analyse estnischer Entwicklungskooperation 2006-2010 | Mit einem Vorwort von Karin Liebhart | ISBN 978-3-8382-0435-2

120 *Ruslana Vovk* | Die Offenheit der ukrainischen Verfassung für das Völkerrecht und die europäische Integration | Mit einem Vorwort von Alexander Blankenagel | ISBN 978-3-8382-0481-9

121 *Mykhaylo Banakh* | Die Relevanz der Zivilgesellschaft bei den postkommunistischen Transformationsprozessen in mittel- und osteuropäischen Ländern. Das Beispiel der spät- und postsowjetischen Ukraine 1986-2009 | Mit einem Vorwort von Gerhard Simon | ISBN 978-3-8382-0499-4

122 *Michael Moser* | Language Policy and the Discourse on Languages in Ukraine under President Viktor Yanukovych (25 February 2010–28 October 2012) | ISBN 978-3-8382-0497-0 (Paperback edition) | ISBN 978-3-8382-0507-6 (Hardcover edition)

123 *Nicole Krome* | Russischer Netzwerkkapitalismus Restrukturierungsprozesse in der Russischen Föderation am Beispiel des Luftfahrtunternehmens „Aviastar" | Mit einem Vorwort von Petra Stykow | ISBN 978-3-8382-0534-2

124 *David R. Marples* | 'Our Glorious Past'. Lukashenka's Belarus and the Great Patriotic War | ISBN 978-3-8382-0574-8 (Paperback edition) | ISBN 978-3-8382-0675-2 (Hardcover edition)

125 *Ulf Walther* | Russlands „neuer Adel". Die Macht des Geheimdienstes von Gorbatschow bis Putin | Mit einem Vorwort von Hans-Georg Wieck | ISBN 978-3-8382-0584-7

126 *Simon Geissbühler (Hrsg.)* | Kiew – Revolution 3.0. Der Euromaidan 2013/14 und die Zukunftsperspektiven der Ukraine | ISBN 978-3-8382-0581-6 (Paperback edition) | ISBN 978-3-8382-0681-3 (Hardcover edition)

127 *Andrey Makarychev* | Russia and the EU in a Multipolar World. Discourses, Identities, Norms | With a foreword by Klaus Segbers | ISBN 978-3-8382-0629-5

128 *Roland Scharff* | Kasachstan als postsowjetischer Wohlfahrtsstaat. Die Transformation des sozialen Schutzsystems | Mit einem Vorwort von Joachim Ahrens | ISBN 978-3-8382-0622-6

129 *Katja Grupp* | Bild Lücke Deutschland. Kaliningrader Studierende sprechen über Deutschland | Mit einem Vorwort von Martin Schulz | ISBN 978-3-8382-0552-6

130 *Konstantin Sheiko, Stephen Brown* | History as Therapy. Alternative History and Nationalist Imaginings in Russia, 1991-2014 | ISBN 978-3-8382-0665-3

131 *Elisa Kriza* | Alexander Solzhenitsyn: Cold War Icon, Gulag Author, Russian Nationalist? A Study of the Western Reception of his Literary Writings, Historical Interpretations, and Political Ideas | With a foreword by Andrei Rogatchevski | ISBN 978-3-8382-0589-2 (Paperback edition) | ISBN 978-3-8382-0690-5 (Hardcover edition)

132 *Serghei Golunov* | The Elephant in the Room. Corruption and Cheating in Russian Universities | ISBN 978-3-8382-0570-0

133 *Manja Hussner, Rainer Arnold (Hgg.)* | Verfassungsgerichtsbarkeit in Zentralasien I. Sammlung von Verfassungstexten | ISRN 978-3-8382-0595-3

134 *Nikolay Mitrokhin* | Die „Russische Partei". Die Bewegung der russischen Nationalisten in der UdSSR 1953-1985 | Aus dem Russischen übertragen von einem Übersetzerteam unter der Leitung von Larisa Schippel | ISBN 978-3-8382-0024-8

135 *Manja Hussner, Rainer Arnold (Hgg.)* | Verfassungsgerichtsbarkeit in Zentralasien II. Sammlung von Verfassungstexten | ISBN 978-3-8382-0597-7

136 *Manfred Zeller* | Das sowjetische Fieber. Fußballfans im poststalinistischen Vielvölkerreich | Mit einem Vorwort von Nikolaus Katzer | ISBN 978-3-8382-0757-5

137 *Kristin Schreiter* | Stellung und Entwicklungspotential zivilgesellschaftlicher Gruppen in Russland. Menschenrechtsorganisationen im Vergleich | ISBN 978-3-8382-0673-8

138 *David R. Marples, Frederick V. Mills (Eds.)* | Ukraine's Euromaidan. Analyses of a Civil Revolution | ISBN 978-3-8382-0660-8

139 *Bernd Kappenberg* | Setting Signs for Europe. Why Diacritics Matter for European Integration | With a foreword by Peter Schlobinski | ISBN 978-3-8382-0663-9

140 *René Lenz* | Internationalisierung, Kooperation und Transfer. Externe bildungspolitische Akteure in der Russischen Föderation | Mit einem Vorwort von Frank Ettrich | ISBN 978-3-8382-0751-3

141 *Juri Plusnin, Yana Zausaeva, Natalia Zhidkevich, Artemy Pozanenko* | Wandering Workers. Mores, Behavior, Way of Life, and Political Status of Domestic Russian Labor Migrants | Translated by Julia Kazantseva | ISBN 978-3-8382-0653-0

142 *David J. Smith (Eds.)* | Latvia – A Work in Progress? 100 Years of State- and Nation-Building | ISBN 978-3-8382-0648-6

143 *Инна Чувычкина (ред.)* | Экспортные нефте- и газопроводы на постсоветском пространстве. Анализ трубопроводной политики в свете теории международных отношений | ISBN 978-3-8382-0822-0

144 *Johann Zajaczkowski* | Russland – eine pragmatische Großmacht? Eine rollentheoretische Untersuchung russischer Außenpolitik am Beispiel der Zusammenarbeit mit den USA nach 9/11 und des Georgienkrieges von 2008 | Mit einem Vorwort von Siegfried Schieder | ISBN 978-3-8382-0837-4

145 *Boris Popivanov* | Changing Images of the Left in Bulgaria. The Challenge of Post-Communism in the Early 21st Century | ISBN 978-3-8382-0667-7

146 *Lenka Krátká* | A History of the Czechoslovak Ocean Shipping Company 1948-1989. How a Small, Landlocked Country Ran Maritime Business During the Cold War | ISBN 978-3-8382-0666-0

147 *Alexander Sergunin* | Explaining Russian Foreign Policy Behavior. Theory and Practice | ISBN 978-3-8382-0752-0

148 *Darya Malyutina* | Migrant Friendships in a Super-Diverse City. Russian-Speakers and their Social Relationships in London in the 21st Century | With a foreword by Claire Dwyer | ISBN 978-3-8382-0652-3

149 *Alexander Sergunin, Valery Konyshev* | Russia in the Arctic. Hard or Soft Power? | ISBN 978-3-8382-0753-7

150 *John J. Maresca* | Helsinki Revisited. A Key U.S. Negotiator's Memoirs on the Development of the CSCE into the OSCE | With a foreword by Hafiz Pashayev | ISBN 978-3-8382-0852-7

151 *Jardar Østbø* | The New Third Rome. Readings of a Russian Nationalist Myth | With a foreword by Pål Kolstø | ISBN 978-3-8382-0870-1

152 *Simon Kordonsky* | Socio-Economic Foundations of the Russian Post-Soviet Regime. The Resource-Based Economy and Estate-Based Social Structure of Contemporary Russia | With a foreword by Svetlana Barsukova | ISBN 978-3-8382-0775-9

153 *Duncan Leitch* | Assisting Reform in Post-Communist Ukraine 2000–2012. The Illusions of Donors and the Disillusion of Beneficiaries | With a foreword by Kataryna Wolczuk | ISBN 978-3-8382-0844-2

154 *Abel Polese* | Limits of a Post-Soviet State. How Informality Replaces, Renegotiates, and Reshapes Governance in Contemporary Ukraine | With a foreword by Colin Williams | ISBN 978-3-8382-0845-9

155 *Mikhail Suslov (Ed.)* | Digital Orthodoxy in the Post-Soviet World. The Russian Orthodox Church and Web 2.0 | With a foreword by Father Cyril Hovorun | ISBN 978-3-8382-0871-8

156 *Leonid Luks* | Zwei „Sonderwege"? Russisch-deutsche Parallelen und Kontraste (1917-2014). Vergleichende Essays | ISBN 978-3-8382-0823-7

157 *Vladimir V. Karacharovskiy, Ovsey I. Shkaratan, Gordey A. Yastrebov* | Towards a New Russian Work Culture. Can Western Companies and Expatriates Change Russian Society? | With a foreword by Elena N. Danilova | Translated by Julia Kazantseva | ISBN 978-3-8382-0902-9

158 *Edmund Griffiths* | Aleksandr Prokhanov and Post-Soviet Esotericism | ISBN 978-3-8382-0963-0

159 *Timm Beichelt, Susann Worschech (Eds.)* | Transnational Ukraine? Networks and Ties that Influence(d) Contemporary Ukraine | ISBN 978-3-8382-0944-9

160 *Mieste Hotopp-Riecke* | Die Tataren der Krim zwischen Assimilation und Selbstbehauptung. Der Aufbau des krimtatarischen Bildungswesens nach Deportation und Heimkehr (1990-2005) | Mit einem Vorwort von Swetlana Czerwonnaja | ISBN 978-3-89821-940-2

161 *Olga Bertelsen (Ed.)* | Revolution and War in Contemporary Ukraine. The Challenge of Change | ISBN 978-3-8382-1016-2

162 *Natalya Ryabinska* | Ukraine's Post-Communist Mass Media. Between Capture and Commercialization | With a foreword by Marta Dyczok | ISBN 978-3-8382-1011-7

163 *Alexandra Cotofana, James M. Nyce (Eds.)* | Religion and Magic in Socialist and Post-Socialist Contexts. Historic and Ethnographic Case Studies of Orthodoxy, Heterodoxy, and Alternative Spirituality | With a foreword by Patrick L. Michelson | ISBN 978-3-8382-0989-0

164 *Nozima Akhrarkhodjaeva* | The Instrumentalisation of Mass Media in Electoral Authoritarian Regimes. Evidence from Russia's Presidential Election Campaigns of 2000 and 2008 | ISBN 978-3-8382-1013-1

165 *Yulia Krasheninnikova* | Informal Healthcare in Contemporary Russia. Sociographic Essays on the Post-Soviet Infrastructure for Alternative Healing Practices | ISBN 978-3-8382-0970-8

166 *Peter Kaiser* | Das Schachbrett der Macht. Die Handlungsspielräume eines sowjetischen Funktionärs unter Stalin am Beispiel des Generalsekretärs des Komsomol Aleksandr Kosarev (1929-1938) | Mit einem Vorwort von Dietmar Neutatz | ISBN 978-3-8382-1052-0

167 *Oksana Kim* | The Effects and Implications of Kazakhstan's Adoption of International Financial Reporting Standards. A Resource Dependence Perspective | With a foreword by Svetlana Vlady | ISBN 978-3-8382-0987-6

168 *Anna Sanina* | Patriotic Education in Contemporary Russia. Sociological Studies in the Making of the Post-Soviet Citizen | With a foreword by Anna Oldfield | ISBN 978-3-8382-0993-7

169 *Rudolf Wolters* | Spezialist in Sibirien Faksimile der 1933 erschienenen ersten Ausgabe | Mit einem Vorwort von Dmitrij Chmelnizki | ISBN 978-3-8382-0515-1

170 *Michal Vít, Magdalena M. Baran (Eds.)* | Transregional versus National Perspectives on Contemporary Central European History. Studies on the Building of Nation-States and Their Cooperation in the 20th and 21st Century | With a foreword by Petr Vágner | ISBN 978-3-8382-1015-5

171 *Philip Gamaghelyan* | Conflict Resolution Beyond the International Relations Paradigm. Evolving Designs as a Transformative Practice in Nagorno-Karabakh and Syria | With a foreword by Susan Allen | ISBN 978-3-8382-1057-5

172 *Maria Shagina* | Joining a Prestigious Club. Cooperation with Europarties and Its Impact on Party Development in Georgia, Moldova, and Ukraine 2004–2015 | With a foreword by Kataryna Wolczuk | ISBN 978-3-8382-1084-1

173 *Alexandra Cotofana, James M. Nyce (Eds.)* | Religion and Magic in Socialist and Post-Socialist Contexts II. Baltic, Eastern European, and Post-USSR Case Studies | With a foreword by Anita Stasulane | ISBN 978-3-8382-0990-6

174 *Barbara Kunz* | Kind Words, Cruise Missiles, and Everything in Between. The Use of Power Resources in U.S. Policies towards Poland, Ukraine, and Belarus 1989–2008 | With a foreword by William Hill | ISBN 978-3-8382-1065-0

175 *Eduard Klein* | Bildungskorruption in Russland und der Ukraine. Eine komparative Analyse der Performanz staatlicher Antikorruptionsmaßnahmen im Hochschulsektor am Beispiel universitärer Aufnahmeprüfungen | Mit einem Vorwort von Heiko Pleines | ISBN 978-3-8382-0995-1

176 *Markus Soldner* | Politischer Kapitalismus im postsowjetischen Russland. Die politische, wirtschaftliche und mediale Transformation in den 1990er Jahren | Mit einem Vorwort von Wolfgang Ismayr | ISBN 978-3-8382-1222-7

177 *Anton Oleinik* | Building Ukraine from Within. A Sociological, Institutional, and Economic Analysis of a Nation-State in the Making | ISBN 978-3-8382-1150-3

178 *Peter Rollberg, Marlene Laruelle (Eds.)* | Mass Media in the Post-Soviet World. Market Forces, State Actors, and Political Manipulation in the Informational Environment after Communism | ISBN 978-3-8382-1116-9

179 *Mikhail Minakov* | Development and Dystopia. Studies in Post-Soviet Ukraine and Eastern Europe | With a foreword by Alexander Etkind | ISBN 978-3-8382-1112-1

180 *Aijan Sharshenova* | The European Union's Democracy Promotion in Central Asia. A Study of Political Interests, Influence, and Development in Kazakhstan and Kyrgyzstan in 2007–2013 | With a foreword by Gordon Crawford | ISBN 978-3-8382-1151-0

181 *Andrey Makarychev, Alexandra Yatsyk (Eds.)* | Boris Nemtsov and Russian Politics. Power and Resistance | With a foreword by Zhanna Nemtsova | ISBN 978-3-8382-1122-0

182 *Sophie Falsini* | The Euromaidan's Effect on Civil Society. Why and How Ukrainian Social Capital Increased after the Revolution of Dignity | With a foreword by Susann Worschech | ISBN 978-3-8382-1131-2

183 *Valentyna Romanova, Andreas Umland (Eds.)* | Ukraine's Decentralization. Challenges and Implications of the Local Governance Reform after the Euromaidan Revolution | ISBN 978-3-8382-1162-6

184 *Leonid Luks* | A Fateful Triangle. Essays on Contemporary Russian, German and Polish History | ISBN 978-3-8382-1143-5

185 *John B. Dunlop* | The February 2015 Assassination of Boris Nemtsov and the Flawed Trial of his Alleged Killers. An Exploration of Russia's "Crime of the 21st Century" | ISBN 978-3-8382-1188-6

186 *Vasile Rotaru* | Russia, the EU, and the Eastern Partnership. Building Bridges or Digging Trenches? | ISBN 978-3-8382-1134-3

187 *Marina Lebedeva* | Russian Studies of International Relations. From the Soviet Past to the Post-Cold-War Present | With a foreword by Andrei P. Tsygankov | ISBN 978-3-8382-0851-0

188 *Tomasz Stępniewski, George Soroka (Eds.)* | Ukraine after Maidan. Revisiting Domestic and Regional Security | ISBN 978-3-8382-1075-9

189 *Petar Cholakov* | Ethnic Entrepreneurs Unmasked. Political Institutions and Ethnic Conflicts in Contemporary Bulgaria | ISBN 978-3-8382-1189-3

190 *A. Salem, G. Hazeldine, D. Morgan (Eds.)* | Higher Education in Post-Communist States. Comparative and Sociological Perspectives | ISBN 978-3-8382-1183-1

191 *Igor Torbakov* | After Empire. Nationalist Imagination and Symbolic Politics in Russia and Eurasia in the Twentieth and Twenty-First Century | With a foreword by Serhii Plokhy | ISBN 978-3-8382-1217-3

192 *Aleksandr Burakovskiy* | Jewish-Ukrainian Relations in Late and Post-Soviet Ukraine. Articles, Lectures and Essays from 1986 to 2016 | ISBN 978-3-8382-1210-4

193 *Natalia Shapovalova, Olga Burlyuk (Eds.)* | Civil Society in Post-Euromaidan Ukraine. From Revolution to Consolidation | With a foreword by Richard Youngs | ISBN 978-3-8382-1216-6

194 *Franz Preissler* | Positionsverteidigung, Imperialismus oder Irredentismus? Russland und die „Russischsprachigen", 1991–2015 | ISBN 978-3-8382-1262-3

195 *Marian Madeła* | Der Reformprozess in der Ukraine 2014-2017. Eine Fallstudie zur Reform der öffentlichen Verwaltung | Mit einem Vorwort von Martin Malek | ISBN 978-3-8382-1266-1

196 *Anke Giesen* | „Wie kann denn der Sieger ein Verbrecher sein?" Eine diskursanalytische Untersuchung der russlandweiten Debatte über Konzept und Verstaatlichungsprozess der Lagergedenkstätte „Perm'-36" im Ural | ISBN 978-3-8382-1284-5

197 *Victoria Leukavets* | The Integration Policies of Belarus and Ukraine vis-à-vis the EU and Russia. A Comparative Analysis Through the Prism of a Two-Level Game Approach | ISBN 978-3-8382-1247-0

198 *Oksana Kim* | The Development and Challenges of Russian Corporate Governance I. The Roles and Functions of Boards of Directors | With a foreword by Sheila M. Puffer | ISBN 978-3-8382-1287-6

199 *Thomas D. Grant* | International Law and the Post-Soviet Space I. Essays on Chechnya and the Baltic States | With a foreword by Stephen M. Schwebel | ISBN 978-3-8382-1279-1

200 *Thomas D. Grant* | International Law and the Post-Soviet Space II. Essays on Ukraine, Intervention, and Non-Proliferation | ISBN 978-3-8382-1280-7

201 *Slavomír Michálek, Michal Štefansky* | The Age of Fear. The Cold War and Its Influence on Czechoslovakia 1945–1968 | ISBN 978-3-8382-1285-2

202 *Iulia-Sabina Joja* | Romania's Strategic Culture 1990–2014. Continuity and Change in a Post-Communist Country's Evolution of National Interests and Security Policies | With a foreword by Heiko Biehl | ISBN 978-3-8382-1286-9

203 *Andrei Rogatchevski, Yngvar B. Steinholt, Arve Hansen, David-Emil Wickström* | War of Songs. Popular Music and Recent Russia-Ukraine Relations | With a foreword by Artemy Troitsky | ISBN 978-3-8382-1173-2

204 *Maria Lipman (Ed.)* | Russian Voices on Post-Crimea Russia. An Almanac of Counterpoint Essays from 2015–2018 | ISBN 978-3-8382-1251-7

205 *Ksenia Maksimovtsova* | Language Conflicts in Contemporary Estonia, Latvia, and Ukraine. A Comparative Exploration of Discourses in Post-Soviet Russian-Language Digital Media | With a foreword by Ammon Cheskin | ISBN 978-3-8382-1282-1

206 *Michal Vít* | The EU's Impact on Identity Formation in East-Central Europe between 2004 and 2013. Perceptions of the Nation and Europe in Political Parties of the Czech Republic, Poland, and Slovakia | With a foreword by Andrea Petö | ISBN 978-3-8382-1275-3

207 *Per A. Rudling* | Tarnished Heroes. The Organization of Ukrainian Nationalists in the Memory Politics of Post-Soviet Ukraine | ISBN 978-3-8382-0999-9

208 *Kaja Gadowska, Peter Solomon (Eds.)* | Legal Change in Post-Communist States. Progress, Reversions, Explanations | ISBN 978-3-8382-1312-5

209 *Pawel Kowal, Georges Mink, Iwona Reichardt (Eds.)* | Three Revolutions: Mobilization and Change in Contemporary Ukraine I. Theoretical Aspects and Analyses on Religion, Memory, and Identity | ISBN 978-3-8382-1321-7

210 *Pawel Kowal, Georges Mink, Adam Reichardt, Iwona Reichardt (Eds.)* | Three Revolutions: Mobilization and Change in Contemporary Ukraine II. An Oral History of the Revolution on Granite, Orange Revolution, and Revolution of Dignity | ISBN 978-3-8382-1323-1

211 *Li Bennich-Björkman, Sergiy Kurbatov (Eds.)* | When the Future Came. The Collapse of the USSR and the Emergence of National Memory in Post-Soviet History Textbooks | ISBN 978-3-8382-1335-4

212 *Olga R. Gulina* | Migration as a (Geo-)Political Challenge in the Post-Soviet Space. Border Regimes, Policy Choices, Visa Agendas | With a foreword by Nils Muižnieks | ISBN 978-3-8382-1338-5

213 *Sanna Turoma, Kaarina Aitamurto, Slobodanka Vladiv-Glover (Eds.)* | Religion, Expression, and Patriotism in Russia. Essays on Post-Soviet Society and the State. | ISBN 978-3-8382-1346-0

214 *Vasif Huseynov* | Geopolitical Rivalries in the "Common Neighborhood". Russia's Conflict with the West, Soft Power, and Neoclassical Realism | With a foreword by Nicholas Ross Smith | ISBN 978-3-8382-1277-7

215 *Mikhail Suslov* | Geopolitical Imagination. Ideology and Utopia in Post-Soviet Russia | With a foreword by Mark Bassin | ISBN 978-3-8382-1361-3

216 *Alexander Etkind, Mikhail Minakov (Eds.)* | Ideology after Union. Political Doctrines, Discourses, and Debates in Post-Soviet Societies | ISBN 978-3-8382-1388-0

217 *Jakob Mischke, Oleksandr Zabirko (Hgg.)* | Protestbewegungen im langen Schatten des Kreml. Aufbruch und Resignation in Russland und der Ukraine | ISBN 978-3-8382-0926-5

218 *Oksana Huss* | How Corruption and Anti-Corruption Policies Sustain Hybrid Regimes. Strategies of Political Domination under Ukraine's Presidents in 1994-2014 | With a foreword by Tobias Debiel and Andrea Gawrich | ISBN 978-3-8382-1430-6

219 *Dmitry Travin, Vladimir Gel'man, Otar Marganiya* | The Russian Path. Ideas, Interests, Institutions, Illusions | With a foreword by Vladimir Ryzhkov | ISBN 978-3-8382-1421-4

220 *Gergana Dimova* | Political Uncertainty. A Comparative Exploration | With a foreword by Todor Yalamov and Rumena Filipova | ISBN 978-3-8382-1385-9

221 *Torben Waschke* | Russland in Transition. Geopolitik zwischen Raum, Identität und Machtinteressen | Mit einem Vorwort von Andreas Dittmann | ISBN 978-3-8382-1480-1

222 *Steven Jobbitt, Zsolt Bottlik, Marton Berki (Eds.)* | Power and Identity in the Post-Soviet Realm. Geographies of Ethnicity and Nationality after 1991 | ISBN 978-3-8382-1399-6

223 *Daria Buteiko* | Erinnerungsort. Ort des Gedenkens, der Erholung oder der Einkehr? Kommunismus-Erinnerung am Beispiel der Gedenkstätte Berliner Mauer sowie des Soloveckij-Klosters und -Museumsparks | ISBN 978-3-8382-1367-5

224 *Olga Bertelsen (Ed.)* | Russian Active Measures. Yesterday, Today, Tomorrow | With a foreword by Jan Goldman | ISBN 978-3-8382-1529-7

225 *David Mandel* | "Optimizing" Higher Education in Russia. University Teachers and their Union "Universitetskaya solidarnost'" | ISBN 978-3-8382-1519-8

226 *Mikhail Minakov, Gwendolyn Sasse, Daria Isachenko (Eds.)* | Post-Soviet Secessionism. Nation-Building and State-Failure after Communism | ISBN 978-3-8382-1538-9

227 *Jakob Hauter (Ed.)* | Civil War? Interstate War? Hybrid War? Dimensions and Interpretations of the Donbas Conflict in 2014–2020 | With a foreword by Andrew Wilson | ISBN 978-3-8382-1383-5

228 *Tima T. Moldogaziev, Gene A. Brewer, J. Edward Kellough (Eds.)* | Public Policy and Politics in Georgia. Lessons from Post-Soviet Transition | With a foreword by Dan Durning | ISBN 978-3-8382-1535-8

229 *Oxana Schmies (Ed.)* | NATO's Enlargement and Russia. A Strategic Challenge in the Past and Future | With a foreword by Vladimir Kara-Murza | ISBN 978-3-8382-1478-8

230 *Christopher Ford* | Ukapisme – Une Gauche perdue. Le marxisme anti-colonial dans la révolution ukrainienne 1917-1925 | Avec une préface de Vincent Présumey | ISBN 978-3-8382-0899-2

231 *Anna Kutkina* | Between Lenin and Bandera. Decommunization and Multivocality in Post-Euromaidan Ukraine | With a foreword by Juri Mykkänen | ISBN 978-3-8382-1506-8

232 *Lincoln E. Flake* | Defending the Faith. The Russian Orthodox Church and the Demise of Religious Pluralism | With a foreword by Peter Martland | ISBN 978-3-8382-1378-1

233 *Nikoloz Samkharadze* | Russia's Recognition of the Independence of Abkhazia and South Ossetia. Analysis of a Deviant Case in Moscow's Foreign Policy | With a foreword by Neil MacFarlane | ISBN 978-3-8382-1414-6

234 *Arve Hansen* | Urban Protest. A Spatial Perspective on Kyiv, Minsk, and Moscow | With a foreword by Julie Wilhelmsen | ISBN 978-3-8382-1495-5

235 *Eleonora Narvselius, Julie Fedor (Eds.)* | Diversity in the East-Central European Borderlands. Memories, Cityscapes, People | ISBN 978-3-8382-1523-5

236 *Regina Elsner* | The Russian Orthodox Church and Modernity. A Historical and Theological Investigation into Eastern Christianity between Unity and Plurality | With a foreword by Mikhail Suslov | ISBN 978-3-8382-1568-6

237 *Bo Petersson* | The Putin Predicament. Problems of Legitimacy and Succession in Russia | With a foreword by J. Paul Goode | ISBN 978-3-8382-1050-6

238 *Jonathan Otto Pohl* | The Years of Great Silence. The Deportation, Special Settlement, and Mobilization into the Labor Army of Ethnic Germans in the USSR, 1941–1955 | ISBN 978-3-8382-1630-0

239 *Mikhail Minakov (Ed.)* | Inventing Majorities. Ideological Creativity in Post-Soviet Societies | ISBN 978-3-8382-1641-6

240 *Robert M. Cutler* | Soviet and Post-Soviet Foreign Policies I. East-South Relations and the Political Economy of the Communist Bloc, 1971–1991 | With a foreword by Roger E. Kanet | ISBN 978-3-8382-1654-6

241 *Izabella Agardi* | On the Verge of History. Life Stories of Rural Women from Serbia, Romania, and Hungary, 1920–2020 | With a foreword by Andrea Pető | ISBN 978-3-8382-1602-7

242 *Sebastian Schäffer (Ed.)* | Ukraine in Central and Eastern Europe. Kyiv's Foreign Affairs and the International Relations of the Post-Communist Region | With a foreword by Pavlo Klimkin and Andreas Umland| ISBN 978-3-8382-1615-7

243 *Volodymyr Dubrovskyi, Kalman Mizsei, Mychailo Wynnyckyj (Eds.)* | Eight Years after the Revolution of Dignity. What Has Changed in Ukraine during 2013–2021? | With a foreword by Yaroslav Hrytsak | ISBN 978-3-8382-1560-0

244 *Rumena Filipova* | Constructing the Limits of Europe Identity and Foreign Policy in Poland, Bulgaria, and Russia since 1989 | With forewords by Harald Wydra and Gergana Yankova-Dimova | ISBN 978-3-8382-1649-2

245 *Oleksandra Keudel* | How Patronal Networks Shape Opportunities for Local Citizen Participation in a Hybrid Regime A Comparative Analysis of Five Cities in Ukraine | With a foreword by Sabine Kropp | ISBN 978-3-8382-1671-3

246 *Jan Claas Behrends, Thomas Lindenberger, Pavel Kolar (Eds.)* | Violence after Stalin Institutions, Practices, and Everyday Life in the Soviet Bloc 1953–1989 | ISBN 978-3-8382-1637-9

247 *Leonid Luks* | Macht und Ohnmacht der Utopien Essays zur Geschichte Russlands im 20. und 21. Jahrhundert | ISBN 978-3-8382-1677-5

248 *Iuliia Barshadska* | Brüssel zwischen Kyjiw und Moskau Das auswärtige Handeln der Europäischen Union im ukrainisch-russischen Konflikt 2014-2019 | Mit einem Vorwort von Olaf Leiße | ISBN 978-3-8382-1667-6

249 *Valentyna Romanova* | Decentralisation and Multilevel Elections in Ukraine Reform Dynamics and Party Politics in 2010–2021 | With a foreword by Kimitaka Matsuzato | ISBN 978-3-8382-1700-0

250 *Alexander Motyl* | National Questions. Theoretical Reflections on Nations and Nationalism in Eastern Europe | ISBN 978-3-8382-1675-1

251 *Marc Dietrich* | A Cosmopolitan Model for Peacebuilding. The Ukrainian Cases of Crimea and the Donbas | With a foreword by Rémi Baudouï | ISBN 978-3-8382-1687-4

252 *Eduard Baidaus* | An Unsettled Nation. Moldova in the Geopolitics of Russia, Romania, and Ukraine | With forewords by John-Paul Himka and David R. Marples | ISBN 978-3-8382-1582-2

253 *Igor Okunev, Petr Oskolkov (Eds.)* | Transforming the Administrative Matryoshka. The Reform of Autonomous Okrugs in the Russian Federation, 2003–2008 | With a foreword by Vladimir Zorin | ISBN 978-3-8382-1721-5

254 *Winfried Schneider-Deters* | Ukraine's Fateful Years 2013–2019. Vol. I: The Popular Uprising in Winter 2013/2014 | ISBN 978-3-8382-1725-3

255 *Winfried Schneider-Deters* | Ukraine's Fateful Years 2013–2019. Vol. II: The Annexation of Crimea and the War in Donbas | ISBN 978-3-8382-1726-0

256 *Robert M. Cutler* | Soviet and Post-Soviet Russian Foreign Policies II. East-West Relations in Europe and the Political Economy of the Communist Bloc, 1971–1991 | With a foreword by Roger E. Kanet | ISBN 978-3-8382-1727-7

257 *Robert M. Cutler* | Soviet and Post-Soviet Russian Foreign Policies III. East-West Relations in Europe and Eurasia in the Post-Cold War Transition, 1991–2001 | With a foreword by Roger E. Kanet | ISBN 978-3-8382-1728-4

258 *Paweł Kowal, Iwona Reichardt, Kateryna Pryshchepa (Eds.)* | Three Revolutions: Mobilization and Change in Contemporary Ukraine III. Archival Records and Historical Sources on the 1990 Revolution on Granite | ISBN 978-3-8382-1376-7

259 *Mikhail Minakov (Ed.)* | Philosophy Unchained. Developments in Post-Soviet Philosophical Thought. | With a foreword by Christopher Donohue | ISBN 978-3-8382-1768-0

260 *David Dalton* | The Ukrainian Oligarchy After the Euromaidan. How Ukraine's Political Economy Regime Survived the Crisis | With a foreword by Andrew Wilson | ISBN 978-3-8382-1740-6

261 *Andreas Heinemann-Grüder (Ed.)* | Who Are the Fighters? Irregular Armed Groups in the Russian-Ukrainian War since 2014 | ISBN 978-3-8382-1777-2

262 *Taras Kuzio (Ed.)* | Russian Disinformation and Western Scholarship. Bias and Prejudice in Journalistic, Expert, and Academic Analyses of East European, Russian and Eurasian Affairs | ISBN 978-3-8382-1685-0

263 *Darius Furmonavicius* | LithuaniaTransforms the West. Lithuania's Liberation from Soviet Occupation and the Enlargement of NATO (1988–2022) | With a foreword by Vytautas Landsbergis | ISBN 978-3-8382-1779-6

264 *Dirk Dalberg* | Politisches Denken im tschechoslowakischen Dissens. Egon Bondy, Miroslav Kusý, Milan Šimečka und Petr Uhl (1968-1989) | ISBN 978-3-8382-1318-5

265 *Леонид Люкс* | К столетию «философского парохода». Мыслители «первой» русской эмиграции о русской революции и о тоталитарных соблазнах XX века | ISBN 978-3-8382-1775-8

266 *Daviti Mtchedlishvili* | The EU and the South Caucasus. European Neighborhood Policies between Eclecticism and Pragmatism, 1991-2021 | With a foreword by Nicholas Ross Smith | ISBN 978-3-8382-1735-2

267 *Bohdan Harasymiw* | Post-Euromaidan Ukraine. Domestic Power Struggles and War of National Survival in 2014–2022 | ISBN 978-3-8382-1798-7

268 *Nadiia Koval, Denys Tereshchenko (Eds.)* | Russian Cultural Diplomacy under Putin. Rossotrudnichestvo, the "Russkiy Mir" Foundation, and the Gorchakov Fund in 2007–2022 | ISBN 978-3-8382-1801-4

269 *Izabela Kazejak* | Jews in Post-War Wrocław and L'viv. Official Policies and Local Responses in Comparative Perspective, 1945-1970s | ISBN 978-3-8382-1802-1

270 *Jakob Hauter* | Russia's Overlooked Invasion. The Causes of the 2014 Outbreak of War in Ukraine's Donbas | With a foreword by Hiroaki Kuromiya | ISBN 978-3-8382-1803-8

271 *Anton Shekhovtsov* | Russian Political Warfare. Essays on Kremlin Propaganda in Europe and the Neighbourhood, 2020-2023 | With a foreword by Nathalie Loiseau | ISBN 978-3-8382-1821-2

272 *Андреа Пето* | Насилие и Молчание. Красная армия в Венгрии во Второй Мировой войне | ISBN 978-3-8382-1636-2

273 *Winfried Schneider-Deters* | Russia's War in Ukraine. Debates on Peace, Fascism, and War Crimes, 2022–2023 | With a foreword by Klaus Gestwa | ISBN 978-3-8382-1876-2

274 *Rasmus Nilsson* | Uncanny Allies. Russia and Belarus on the Edge, 2012-2024 | ISBN 978-3-8382-1288-3

275 *Anton Grushetskyi, Volodymyr Paniotto* | War and the Transformation of Ukrainian Society (2022–23). Empirical Evidence | ISBN 978-3-8382-1944-8

276 *Christian Kaunert, Alex MacKenzie, Adrien Nonjon (Eds.)* | In the Eye of the Storm. Origins, Ideology, and Controversies of the Azov Brigade, 2014–23 | ISBN 978-3-8382-1750-5

277 *Gian Marco Moisé* | The House Always Wins. The Corrupt Strategies that Shaped Kazakh Oil Politics and Business in the Nazarbayev Era | With a foreword by Alena Ledeneva | ISBN 978-3-8382-1917-2

278 *Mikhail Minakov* | The Post-Soviet Human | Philosophical Reflections on Social History after the End of Communism | ISBN 978-3-8382-1943-1

279 *Natalia Kudriavtseva, Debra A. Friedman (Eds.)* | Language and Power in Ukraine and Kazakhstan. Essays on Education, Ideology, Literature, Practice, and the Media | With a foreword by Laada Bilaniuk | ISBN 978-3-8382-1949-3

280 *Paweł Kowal, Georges Mink, Iwona Reichardt (Eds.)* | The End of the Soviet World? Essays on Post-Communist Political and Social Change | With a foreword by Richartd Butterwick-Pawlikowski | ISBN 978-3-8382-1961-5

281 *Kateryna Zarembo, Michèle Knodt, Maksym Yakovlyev (Eds.)* | Teaching IR in Wartime. Experiences of University Lecturers during Russia's Full-Scale Invasion of Ukraine | ISBN 978-3-8382-1954-7

282 *Oleksiy V. Kresin* | The United Nations General Assembly Resolutions. Their Nature and Significance in the Context of the Russian War Against Ukraine | Edited by William E. Butler | ISBN 978-3-8382-1967-7

283 *Jakob Hauter* | Russlands unbemerkte Invasion. Die Ursachen des Kriegsausbruchs im ukrainischen Donbas im Jahr 2014 | Mit einem Vorwort von Hiroaki Kuromiya | ISBN 978-3-8382-2003-1

284 „Alles kann sich ändern". Letzte Worte politisch Angeklagter vor Gericht in Russland | Herausgegeben von Memorial Deutschland e.V. | ISBN 978-3-8382-1994-3

ibidem.eu